영단어 테스트지 무한 생성기 제공

2018 공무원 직렬별 영단어 기출 100%

...무원 직렬별
기출 영단어 100% 수록
(2012~2017년 6월 까지)

< 직렬A >

< 직렬B >

공무원 시험
직렬별 기출 영단어 구성

빅데이터에 기반한
유사 어휘 빈출 순 정렬

표제어 5000단어 포함
총 1,3000개의 공무원 기출 단어
완벽 수록

〈 직렬 A 〉

국가직 9급 / 지방직 9급, 7급
교육행정직 / 경찰 순경직
해경직 / 소방직

〈 직렬 B 〉

서울시 7, 9급
법원직 / 국회직 / 기상직

< 추가 부록 >
공무원 직렬별 영단어 테스트지
무한 생성기 제공

TABORM.COM

이선미 공무원 영어

끝판왕 2800제

9급/7급/경찰 공무원 영어 시험 만점의 시작과 끝을 함께

이선미 공무원 영어 끝판왕 2800제

저자 이선미
디자인 김민아
발행인 이선미
발행일 초판 1 쇄 2017년 8월 12일
발행처 타보름 교육
홈페이지 www.taborm.com
고객센터 1899-9331

공무원 영어 필승전략

시험구분	총 문항수	영역별 출제 문항 수		
		문법	독해	어휘
국가직 지방직 7/9급	20문항	3~7문항	10~12문항	4~6문항
서울시7/9급	20문항	3~5문항	9~12문항	5~8문항
법원직9급	20문항	1~3문항	22~24문항	0~1문항
국회직9급	20문항	4~5문항	8~12문항	5~7문항
국회직8급	25문항	3~6문항	16~19문항	3~5문항

제한시간 20분

공무원 영어 시험공부 어떻게 해야 할까?

공무원 영어! 기본기와 어휘력에 답이 있다!

공무원 영어 시험은 기본적으로 어휘, 문법, 독해력을 두루 평가하는 시험입니다.
20분에 20문항을 풀어내야 하는 촌각을 다투는 시험일뿐만 아니라,
시험범위와영역도 다양하여 영어시험에 익숙하지 않은 수험생들이라면 막연하게 느껴질 수도 있을 것입니다.
난이도에 대해서는 의견이 분분한 편이기는 하나 제대로 된 방법으로 준비를 해야 한다는 데는 이견이 없을 것입니다.

첫 번째 준비는 기본기와 어휘력입니다.
우선적으로 기본기를 탄탄이 하여 구문분석이 가능해야 하며 영어 구조 자체를 이해해야 합니다.
영어 구조에 대한 이해가 없다면 아무리 어려운 문법책으로 공무하고 문제를 많이 풀어도
결국은 모래성을 쌓는 결과로 이어지게 되어 고득점을 하는데 큰 걸림돌이 될 것입니다.

또한 아무리 문장의 구조가 한 눈에 들어오게 된다하여도 단어를 모르면 전혀 의미가 없게 될 것입니다.
또한 공무원 시험에 나오는 어휘는 범위가 매우 광범위하고 수준 높은 단어들도 빈번하게 출제되고 있습니다.

따라서 가능한 많은 어휘를 확보하시는 것이 유리합니다.
기본기는 이선미 공무원 영어 2800제 한 권만으로도 충분합니다.
다만 아예 기초가 부족하신 분들은 이마저도 어렵게 느껴지실 수 있고,
어느 정도 공부를 해온 분들이라면 번거롭게 느껴지질 수도 있으나,
기본기 최종점검을 한다고 생각하시고 반드시 꼼꼼하게 공부하시고 넘어가시는 것이 좋습니다.
물론 전 지문이 기출예상 또는 기출예문으로만 구성되어있다는 것만으로도 완독할 가치가 있겠지요.
기본기가 잡히셨다면 이제 기출문제에 매진하도록 합니다.

언제나 시간제한을 두고 풀어 실전 감각과 시간을 효율적으로 사용하는 방법도 익히도록 합니다.
독해문제의 경우 빠른 시간에 주제를 파악하고 정답을 골라내는 훈련을 합니다.

문법문제의 경우 70% 이상은 구조 및 수일치에서 출제가 되나
그 이외의 시험범위는 넓기 때문에 한번 나온 문제는 영문법 종합서를 통해
철저히 이해하고 익히고 넘어가는 과정이 필요합니다.

타보름 대표 이선미

차별화된 특징

단계별로 나눠진
짜임새 있는 구성

진정한 노하우를 전달하는
시험과 독해를 위한 BEST 문법

시험과 독해를 위한 BEST문법 1

◆ 분사로 감정 표현하기

짜증나고, 신나고, 등의 감정을 표현할 때 분사를 사용할 수 있는데
수동을 나타내는 과거분사(p.p.)를 쓸까요? 능동을 나타내는 현재

한번 생각해 볼까요?

제가 갑자기 하하하 웃다, 엉엉 울다, 버럭 화내면 이상하겠죠?

왤까요? 보통 감정의 변화는 외부의 요인에 '의해' 좌우되는 것이기

좋아하는 그녀에게 난 그저 호구였단 사실에 '의해서' 우울하게 된

처음 산 로또에 당첨됐다는 사실에 '의해서' 흥분되는 것입니다.

Actual Test

Actual Exercise 1 **다음 주어진 문장의 형식을 확인하고 해석하세요.**

01 Some water plants stay afloat.

02 The king made his empire stable.

03 Susan lies down for a short nap every afternoon.

04 Their complaints sound reasonable to me.

05 Dolphin deaths decreased by over 80 percent between 1990

water
(n)수생
(물에 ㅅ

afloat
(a) 물어

Check up

Actua

Exercise 3 주어진 문장을 (진주어 / 가주어) 구문으로 바꾸어 쓰세요.

01 To swim in the ocean is very tiring.

→ _____

02 To make a 5 meter tall snowman was almost impossible.

→ _____

03 To stay up all night is not a good idea.

→ _____

04 To sing in the bath tub is fun.

C O N T E N T S

CONTENTS

이선미 공무원 영어 **끝판왕 2800제** 에 들어가기 전에...

이선미 공무원 영어 끝판왕 2800제에 오신 여러분 환영합니다!

반드시 이해하고 넘어가자! 이것저것 헷갈린다면 요것만 기억하세요!
문장은 꼭 주어(주인공이)와 동사(뭘 하는지)는 반드시 있어야 돼요!
그리고 명사! 형용사! 부사!

명사가 하는 일은?
주어, 목적어, 보어 자리에 들어간다!

형용사가 하는 일은?
명사를 꾸며요!

부사가 하는 일은?
명사 빼고 다 꾸며요!

즉, 동사, 형용사, 또 다른 부사, 문장 전체를 꾸밉니다!

꾸민다는 것은 있으면 좋지만~~ 없어서 문장구조가 흔들리지 않는 다는 것을 의미해요!!

예를 들어 명사절이든, 명사구든, 동명사든
"명사"가 들어가면 명사처럼 주어, 목적어, 보어 자리에 들어간다는 것!
이것을 잊지 마세요!!

또 하나!
문장은 주인공(주어)가 뭘 하는지(동사)는 아주 기본으로 들어간다는 것!

만약 혼자 공부하기 힘들다면?!

1. 온라인 스터디에 참가한다
2. 저자 직강 동영상 강의를 무료로 듣는다
3. 이선미 어학원에서 오프라인 강의를 듣는다

www.taborm.com

문장의 구성

(주인공)
❶ **주어 + 동사**
　명사+은/는/이/가

　　　　　　　(보충어)
❷ **주어 + 동사 + 보어**
　　　　　　　명사/형용사

❸ **주어 + 동사 + 목적어**
　　　　　　　　명사+을/를

❹ **주어 + 동사 + 간접 목적어 + 직접 목적어**
　　　　　　　명사+에게　　　　명사+을/를

❺ **주어 + 동사 + 목적어 + 목적보어**
　　　　　　　　　　(목적어를 보충)

1단계	2단계	3단계
• 단어	**• 구 (준동사) ✕1**	**• 절 ✕2**
: 의미를 가진 최소 단위	: 두 개 이상의 단어가 세트를 이룸	: S + V

명사 →

주어, 목적어, 보어 자리에 들어감

→ **to부정사, 동명사**

→ **명사절**
명사절을 이끄는 접속사는?
that, what, if, whether, who, where 등

형용사 →

명사수식

→ **to부정사, 분사**
미래적 의미

• 현재분사: 능동
• 과거분사: 수동

→ **형용사절**
형용사절을 이끄는 접속사는?
who, which, where, when 등

부사 →

명사 빼고 다 수식

→ **to부정사**
❶ ~하기 위해서
❷ 무의지: 해석 앞 - 뒤
❸ 감정단어: 해석 뒤 - 앞

→ **부사절**
부사절을 이끄는 접속사는?
when, while, as, because, although 등

동사

➤ 동사만의 기능
❶ 부정표현
❷ 시제표현
❸ 조동사 거느림
❹ 태 표현

✕1 **준동사란?** 원래는 동사였지만 약간의 형태를 바꿔 동사가 아닌 다른 역할(명사, 형용사, 부사)를 함.
✕2 **절(S+V)와 문장의 차이점?** 문장 구성요소를 다 갖추어야 문장으로써 마침표를 찍을 수 있다.
그렇지 못하면 문장이 아닌 절이다.
예) 'I ate' 는 문장이 아닌 절이다.

단어와 문장의 이해

A 단어와 구, 절의 구분
B 문장을 구성하는 단어의 종류
C 문장의 종류

1단계 들어가기 전에...

1단계는 단어입니다. 단어는 의미를 가진 최소단위 입니다.

우리는 단어 중애서도 명사, 형용사, 부사, 동사 만을 집중적으로 배울 것이며
명사는 주어, 목적어, 보어 자리에 들어가고 형용사는 명사를 꾸며주고
부사는 명사 빼고 다 (즉, 형용사, 동사, 또다른 부사 문장전체)를 꾸미는 역할을 한다는 것!
꼭 기억하세요.

UNIT 1

1단계: 단어와 문장의 이해

! Check up

A 단어와 구, 절의 구분

단어와 구, 절의 구분 #2

■ 우리가 배울 단위는 세가지 이다.

❶ **단어**: 의미를 가지는 최소 단위
ex) clock, boy, name etc

❷ **구**: 2개 이상의 단어가 세트를 이루는 것
ex) in the morning, to drive

❸ **절**: 최소 한 개 이상의 문장 구성 요소(즉 주어, 목적어 등)와 동사로 구성된 것. 구성 요소를 모두 갖추고 있으면 문장인 동시에 절이지만 하나의 요소라도 빠져 불완전하다면 문장이라고 볼 수 없으나 절이라고 볼 순 있다.
ex) • She has the book. 문장(o), 절(o)
• She has 문장(x), 절(o)
• Has the book 문장(x), 절(o)

Exercise 1 다음 밑줄 친 부분이 단어, 구, 절 중 어떤 것인지 구별하세요.

01 <u>When I visited them</u>, they didn't seem to be happy.

02 I met a <u>beautiful</u> girl.

03 She was staying <u>at the bar</u>.

04 A boy <u>who looks familiar</u> is begging for money.

05 They <u>finally</u> realized <u>that they had been stupid</u>.

Exercise 1-1 다음 밑줄 친 부분이 단어, 구, 절 중 어떤 것인지 구별하세요.

01 She <u>played</u> an important role.

02 <u>Upon running into him</u>, she felt something strange.

03 I was irritated <u>because his attitude had been rude</u>.

04 I was irritated <u>because of his attitude</u>.

05 <u>Yesterday,</u> they disappointed their parents.

! Check up

B 문장을 구성하는 단어의 종류

▪ 우리가 배울 단어의 종류는 크게 4가지로 나뉜다.

❶ **명사**: 이름을 의미하는 단어

   ex) 책상, 사랑, student, book, etc

❷ **동사**: 동작을 나타내는 단어

   ex) 자다, 놀다, study, eat, etc

❸ **형용사**: 모양이나 형태를 나타내는 단어

   ex) 좋은, 착한, pretty, nice, etc

❹ **부사**: 단어나 구, 문장을 수식하는 단어

   ex) 매우, 빠르게, very, much, etc

Exercise 1 다음 제시된 단어의 종류를 구별하세요. (하나만 작성)

01   그의 _____

02   하다 _____

03   어리석은 _____

04   좋은 _____

05   좋게 _____

06   양심 있는 _____

07   정말 _____

08   친구 _____

09   사랑 _____

10   돌다 _____

Exercise 1-1 다음 제시된 단어의 종류를 구별하세요. (하나만 작성)

01   polite _____

02   sad _____

03   run _____

04   desk _____

05   friendly _____

06   sadness _____

07   selfish _____

08   heart _____

09   it _____

10   their _____

Check up

C 문장의 종류

STEP 1 문장의 종류

- **1형식**: 주어 + 동사
  명+은/는/이/가

- **2형식**: 주어 + 동사 + 주격 보어
  명/형

- **3형식**: 주어 + 동사 + 목적어
  명+을/를

- **4형식**: 주어 + 동사 + 간접목적어 + 직접목적어
  명+에게   명+을/를

- **5형식**: 주어 + 동사 + 목적어 + 목적격 보어

STEP 2 문장의 구성: 문장을 구성하는 단어의 역할.

❶ **명사**: 주어, 목적어, 보어
❷ **동사**: 동사
❸ **형용사**: 보어, 명사 수식
❹ **부사**: 문장 구성 안 함. 명사를 제외하고 다 수식. 즉 문장에서 빠져도 구조가 흔들리지 않음.

★ 전치사 + 명사 = 부사

- **1형식**: A puppy sleeps.
  강아지/가 잔다.

- **2형식**: She is a student.
  그녀/는 학생/이다.
  Water is clear.
  물/은 맑(은)/ 다.

- **3형식**: The girl meets a boy.
  소녀/는 소년/을 만난다.

- **4형식**: Mother gives me a chocolate.
  엄마/는 나/에게 초콜렛/을 준다.

- **5형식**: I make him upset.
  나/는 그/를 화나게 만든다.

문장의 종류 #4

Exercise 1 다음 주어진 문장의 형식을 확인하고 해석하세요.

01   I saw a bird.

02   The leaves fell.

03   The child is tall.

04   He is a soldier.

05   The building looks unique.

06   I bought her a new watch.

07   The mother named her baby Paul.

08   I consider her weak.

09   She cleaned her room.

10   I gave them cookies.

11   I bought a book.

12   I bought her a book.

13   She wrote me an email.

14   They made the teacher happy.

┃ 독해 Plus ┃
• 문장 구성요소가 되지 않고 꾸며주는 역할만 하는 단어를 골라내세요.
• 전치사 + 명사 = 부사로 보세요. ex) in the house.

Exercise 1-1 다음 주어진 문장의 형식을 확인하고 해석하세요.

01   The giant eats insects for dinner.

02   Today I ate a delicious cake at the cafe.

03   I still love my old car.

04   I met him in front of the bank.

05   I mistakenly called her Dana.

06   Many pencils are on the desk.

07   The results of the experiment remained a secret.

08   Different cultures have different forms of greetings.

09   He ran fast toward the tree.

10   The sun always rises in the east.

11   The cat under the table looks cute.

12   She falls asleep easily.

Exercise 1-2 다음 주어진 문장의 형식을 확인하고 해석하세요.

01   They provided her with enough water.

02   The old man told me a scary story.

03   Minsu plays the guitar with his sister in the house.

04   He became really upset because of the accident.

05   Yesterday, I got really drunk.

06   He always tells lies to me.

07   The apple on the table went rotten.

08   The plan sounds very fun.

09   He never visits foreign countries with her.

10   The well runs dry in summer.

Exercise 2 주어진 단어와 형식을 참고하여 영작하세요.

01 우리는 오늘 아침 신선한 빵을 먹었다. (3형식)

→ _____ .

  (ate, fresh)

02 소금은 음식을 짜게 만든다. (5형식)

→ _____ .

  (salty, makes, salt)

03 그녀는 오늘 너에게 여러 번 전화했다. (3형식)

→ _____ .

  (several times)

04 돈이 항상 행복을 가져다 주지는 않는다. (3형식)

→ _____ .

  (always, bring)

05 그 정치가는 가식이 없는 것처럼 보인다. (2형식)

→ _____ .

  (the politician, unpretentious)

Exercise 2-1 주어진 단어와 형식을 참고하여 영작하세요.

01 그 사건은 그를 고분고분하게 만들었다. (5형식)

→ _____ .

  (the event, compliant)

02 나는 그에게 정직함을 보여주었다. (4형식)

→ _____ .

  (honesty)

03 그는 그의 딸을 의사로 만들었다. (5형식)

→ _____ .

  (doctor)

04 그녀는 그의 아들에게 종이비행기를 만들어주었다. (4형식)

→ _____ .

  (a paper airplane)

05 지구는 태양주변을 돈다. (1형식)

→ _____ .

  (revolve around)

06 이 카레는 좋은 냄새가 난다. (2형식)

→ _____ .

  (smell)

Actual Test

Actual Exercise 1 다음 주어진 문장의 형식을 확인하고 해석하세요.

01 Some water plants stay afloat.

02 The king made his empire stable.

03 Susan lies down for a short nap every afternoon.

04 Their complaints sound reasonable to me.

05 Dolphin deaths decreased by over 80 percent between 1990 and 2000.

06 The results of this experiment made all my efforts worthwhile.

07 Too many hours of hard work really tired me.

08 China's imports of Russian oil skyrocketed by 36 percent in 2014.

09 The sound of her footsteps receded into the distance.

10 Fountain pens first became commercially available about a hundred years ago.

11 Disagreements over the treaty arose among the indigenous people of Africa.

12 One of the largest celebrations of the passage of young girls into womanhood occurs in Latin American and Hispanic cultures.

13 The successful businesswoman finds herself unable to jettison her lower-middle-class prejudices.

water plant
(n) 수생 식물
(물에 사는 식물)

afloat
(a) 물에 떠있는

recede (v) 약해지다,
희미해지다

fountain pen (n) 만년필

disagreement (n) 불일치
indigenous (a) 토착의

womanhood
(n) (성숙한) 여성

jettison (v) 버리다
prejudice (n) 편견

2 2단계: 구(준동사)

A 종류에 따른 준동사의 분류
B 역할에 따른 준동사의 분류

2단계 들어가기 전에...

2단계는 구입니다.
구는 두 개의 단어가 하나의 세트를 이루는 것을 말합니다.

여기서는 준동사로 구를 배울 것입니다. 따라서 **'2단계 = 준동사'** 라고 보셔도 됩니다.

준동사는? 원래는 동사였지만 지금은 동사가 아닌 명사, 형용사, 부사의 역할을 합니다.

여기서 명사, 형용사, 부사의 역할을 한다는 것은 1단계에서 마찬가지로
명사라면 주어, 목적어, 보어자리, 형용사라면 명사수식,
부사라면 구성요소가 아닌 수식의 역할을 한다는 것을 의미한다는 것을 꼭 기억하세요.

UNIT 2 2단계: 구 (준동사)

📌 동사를 다른 역할(명사, 형용사, 부사)로 활용하고 싶을 때 형태를 약간 바꿔서 그에 맞는 역할을 한다.

A 준동사 종류에 따른 분류

	형태	역할
to부정사	to 동사원형	명사, 형용사, 부사
동명사	동사-ing	명사
분사	현재분사: 동-ing (능동) 과거분사: p.p. (수동)	형용사

형태를 바꾸는 이유는? 문장의 본동사랑 헷갈리지 않기 위해서!

STEP 1 **to부정사**

❶ **to부정사의 명사적 용법:** 명사처럼 문장에서 주어, 목적어, 보어의 역할을 한다.

■ 주어 역할

부정사의 명사적 용법 #28

• To study English **is fun.**
영어를 공부하는 것은 재미있다.

■ 보어 역할

• **My plan is** to call her today.
나의 계획은 오늘 그녀에게 전화하는 것이다.

■ 목적어 역할

• **I decided** to clean my room.
나는 내 방을 청소할 것을 결심했다.

! Check up

진주어 가주어

■ 주어 역할을 종종 하는 동명사와는 달리 2개의 단어로 구성된 to부정사는 보통 주어로 사용하지 않는다.
(서론이 길어짐)

따라서 주어자리를 채워줄 it(가(짜)주어)를 주어자리에 넣고 진(짜)주어인 to부정사는 문장 맨 뒤로 보낸다.

- <u>To make a good plan</u> is difficult.
  (주어)
- <u>It</u> is difficult <u>to make a good plan</u>.
  가주어   진주어

진주어 가목적어

■ 5형식 문장에서 역시 to부정사로 인해 목적어가 길어져 목적보어와의 구분이 어려워지면 독해의 어려움이
있으므로 대개의 경우 가목적어 it을 배치하고 진목적어는 문장 뒤로 보낸다.

- Her intervention made <u>to make a plan</u> <u>harder.</u>
                                         목적어   목적보어
- Her intervention made <u>it</u> harder <u>to make a plan.</u>
                                  가목적어   진목적어

의문사+to부정사

의문사+to부정사의 형태로도 명사의 역할을 할 수 있다

what+to부정사	무엇을~(해야)할지
which+to부정사	어떤 것을~(해야)할지
how+to부정사	~하는 방법, 어떻게~(해야)할지
where+to부정사	어디에~(해야)할지
when+to부정사	언제~(해야)할지

- I don't know how to get there.
  나는 어떻게 거기에 가야할지 모른다.
- I tried to decide when to start.
  나는 언제 시작해야할지 결정하려고 노력했다.

Exercise 1 **to부정사의 명사적 용법에 유의하며 다음 주어진 문장을 해석하세요.**

01　To run for 10 kilometers is very difficult.

02　She chose to stay out of the game.

03　My decision was to stay home and study.

04　Jim decided to throw out the trash.

05　It is enjoyable to ride a roller-coaster.

Exercise 2 **주어진 단어 중 적절한 것을 골라 형태를 알맞게 바꾼 후 빈칸을 완성하세요.**

▌ 보기 ▌　　　　**return, have, become, go, raise**

■ 주어

01　_____ a famous actor is a difficult path.

02　It is nice _____ good friends.

■ 목적어

01　My dream is _____a superhero.

02　His plan is _____ to her hometown.

■ 보어

01　I wish _____ on a family vacation.

02　I want _____ a pet dog.

Exercise 3 주어진 문장을 (진주어 / 가주어) 구문으로 바꾸어 쓰세요.

01   To swim in the ocean is very tiring.

→   _____ .

02   To make a 5-meter-tall snowman was almost impossible.

→   _____ .

03   To stay up all night is not a good idea.

→   _____ .

04   To sing in the bath tub is fun.

→   _____ .

Exercise 4 주어진 단어를 활용하고 to부정사를 이용하여 영작하세요.

01   등산하는 것은 재미있다.

→   _____ .
     (go hiking in the mountains)

02   집에서 자는 것은 편하다.

→   _____ .
     (sleep, comfortable)

03   나의 목표는 경찰관이 되는 것이다.

→   _____ .
     (police officer, goal)

04   매일 5시에 일어나는 것은 어렵다.

→   _____ .
     (wake up, difficult)

05   많이 먹는 것이 나를 행복하게 한다.

→   _____ .

Exercise 4-1 　주어진 단어를 활용하고 to부정사를 이용하여 영작하세요.

01　나의 취미는 우표를 모으는 것이다.

→ _____.

　　(collect, stamps)

02　학교에 늦는 것은 나의 성적에 좋지 않다.

→ _____.

　　(grades)

03　나는 항상 본 방송을 보고 싶었다.

→ _____.

　　(original airing, always, want)

04　그녀에게 청혼하는 것은 용감한 것이다.

→ _____.

　　(propose to, courageous)

05　부모가 된다는 것은 책임감과 관련 있다.

→ _____.

　　(become a parent, be related to)

Check up

❷ **to부정사의 형용사적 용법**: 형용사처럼 명사를 꾸며준다.
① 항상 뒤에서 앞으로 꾸며준다.
② 미래적 의미를 가질 수 있다.
③ 필요한 경우 전치사를 써준다.

- I have some books to read.
  나는 읽을 약간의 책을 가지고 있다.

- Tom is not the man to tell a lie to us.
  Tom은 우리에게 거짓말을 할 사람이 아니다.

- They need friends to play with.
  그들은 함께 놀 친구들이 필요하다.

- I need something to open the bottle with.
  나는 병을 가지고 열 무언가를 필요로 한다.

cf. 꾸며줄 때 뒤에서 앞으로 꾸미는 경우는 길기 때문이다. 여기서 '길다'의 정의는 2단어 이상을 말하는데 to부정사는 항상 2단어 이상(to+동사원형)이기 때문에 항상 뒤에서 앞으로 꾸며준다.

Exercise 1 다음 밑줄 친 부분의 역할을 확인하고 해석하세요.

01   She was searching for a book to read.

02   When I was young, I needed someone to play with.

03   I have some homework to finish tonight.

04   There is a lot of food to eat in the refrigerator.

05   I made something bizarre to make my friends confused.

Exercise 2 괄호 안에 주어진 단어를 바르게 배열하여 문장을 완성하세요.

01 I forgot to _____ on the exam. (to write, a pen, with, bring)

02 I wrote _____ at the grocery store. (a list of, to buy, things)

03 We are looking for_____. (this weekend, a movie, to watch)

04 She prepared _____. (prankful, to ask, some, him, questions)

05 I collected _____. (the students, stories, numerous, to tell, interesting)

Exercise 3 다음 주어진 문장에서 부족한 부분이 있으면 채워 넣고 해석하세요.

01 She brought a blanket to cover the bed.

02 I was looking for someone to eat.

03 My mother has just bought some food to eat for dinner.

04 He ignored his homework to do until it was too late.

05 The daycare center received children to look.

Exercise 3-1 다음 주어진 문장에서 부족한 부분이 있으면 채워 넣고 해석하세요.

01 I forgot to bring a crayon to write.

02 It is clear that the birds don't have a place to rest.

03 He wants a partner to dance.

04 Jim has an assignment to hand before midnight.

05 There are things to buy for our new home.

Exercise 4　주어진 단어를 활용하고 to부정사를 이용하여 영작하세요.

01 그는 소개팅에서 만날 소녀를 상상했다.

→ _____.

　　(on a blind date)

02 나는 내가 오늘 밤 볼 영화를 고를 것이다.

→ _____.

　　(choose)

03 그는 하루 종일 먹을 음식이 전혀 없었다.

→ _____.

　　(have nothing, for all day)

04 그는 나에게 베고 잘 편안한 베개를 주었다.

→ _____.

　　(pillow, comfortable)

Check up

❸ **to부정사의 부사적 용법:** 부사처럼 문장의 핵심요소가 되지 않고 꾸며주는 역할만 한다.

■ ~하기 위해서

- I met her to give the book.
  나는 그 책을 주기 위해서 그녀를 만났다.

■ 무의지 동사: 앞에서 뒤로 해석 (wake up, grow up 등)

- He grew up to be a painter.
  그는 자라서 화가가 되었다.

■ 감정단어와 함께: 뒤에서 앞으로 해석

- I was surprised to see her on TV.
  나는 TV에서 그녀를 봐서 놀랐다.

Exercise 1 to부정사의 부사적 용법에 유의하며 다음 주어진 문장을 해석하세요.

01　She woke up to go to school.

02　He studies very hard to get a higher grade.

03　Jaehoon was sad to lose his dog.

04　I was avoiding her to prevent conflict.

05　I had to sleep early to wake up at 5 a.m. the next morning.

06　He grew up to become a famous baseball player.

07　He cleaned up his room to play with his friends.

08　My mom was surprised to see the dishes already washed.

09　She sped up her pace to catch the bus.

10　He prepared tasty food to please his guests.

Exercise 1-1 **to부정사의 부사적 용법을 유의하며 다음 주어진 문장을 해석하세요.**

01 They should file a complaint to get a refund.

02 He practiced every day to win the competition.

03 She grew up to become a professional boxer.

04 She became nervous to meet the president.

05 He left on a vacation to get away from the noisy city.

06 I was sad to lose the chance for a free car.

07 He sent an application to enter the college.

08 My brother grew up to become a famous lawyer.

09 I was excited to finally meet my long-lost twin sister.

10 To eat a lot, I will go to a buffet.

▌ to부정사 종합 문제

Exercise 1 다음 주어진 문장에서 밑줄 친 to부정사의 용법을 구별하세요.

01 He grew up <u>to become</u> a sailor.

02 <u>To pass</u> the test, she has to study all night.

03 It was important <u>to add</u> the ingredient.

04 I have some friends <u>to talk</u> with.

05 Jim is looking for a pencil <u>to write</u> with.

06 They sent me a letter <u>to remind</u> me of my army enlistment.

     army enlistment (n) 입대

07 She woke up early <u>to be</u> the first one to be at school.

08 I was happy <u>to meet</u> my grandparents after a long time.

09 <u>To take</u> photographs is my temporary job.

10 I am turning the computer on <u>to collect</u> some information.

Exercise 1-1 다음 주어진 문장에서 밑줄 친 to부정사의 용법을 구별하세요.

01 They chose <u>to sleep</u> until the sun rises.

02 It is common for flamingos <u>to sleep</u> on one leg.

03 His dream is <u>to travel</u> around the world.

04 <u>To get</u> ready for college was exciting.

05 The message of the movie was <u>to spread</u> the message of global warming

06 Jake wants a hamburger <u>to eat</u>.

07 The cats <u>to be moved</u> to her place are waiting for her.

08 I sat down <u>to take</u> a nap in the hammock.

09 I looked for my teacher <u>to ask</u> some math questions.

10 I was happy <u>to earn</u> a chance to date such a pretty girl.

! Check up

STEP 2 동명사

❶ 동명사의 명사적 용법:

명사처럼 주어, 목적어, 보어자리에 올 수 있다. 명사적 용법의 to부정사와 바꿔 쓸 수 있으나 목적어자리에는 동사에 따라 동명사 또는 to부정사가 결정된다. (부록 참고)

■ **주어역할**

- Studying English is fun. (= To study English is fun.)
  영어를 공부하는 것은 재미있다.

- Ignoring him is difficult. (= To ignore him is difficult.)
  그를 무시하는 것은 어렵다.

동명사 #31

■ **보어역할**

- My plan is calling her today. (= My plan is to call her today.)
  나의 계획은 오늘 그녀에게 전화하는 것이다.

- My hobby is collecting stamps. (= My hobby is to collect stamps.)
  나의 취미는 우표를 모으는 것이다.

■ **목적어역할**

- I denied lying.
  나는 거짓말한 것을 부인했다.

- I enjoyed making fun of her.
  나는 그녀를 놀리는 것을 즐겼다.

Exercise 1   다음 문장을 문법에 맞게 고치세요. (to부정사도 가능한 경우, 둘 다 쓰세요)

01   Write an essay is necessary for the school.

02   Take out the trash is my younger brother's job.

03   My goal is earn lots of money.

04   Stay steady on a boat is not easy.

05   My plan was prepare a full-course dinner.

06 My hobby is ride a bicycle.

07 I never liked hike with my father.

08 To keep going is not give up.

09 She enjoyed prepare for her mother's birthday party.

10 The problem of the car accident was delay many people.

Exercise 2 주어진 단어 중 적절한 것을 골라 형태를 알맞게 바꾼 후 빈칸을 완성하세요.

▌ 보기 ▌   **fish, live, go, play, compete, take, lie, eat**

■ 주어

01 _____ too little can make you unhealthy.

02 _____ computer games is fun but unrewarding.

■ 보어

01 The goal in life for many people is _____ as happily as possible.

02 His plan for this weekend is _____ to the mountains.

■ 목적어

01 She loves _____ a walk in the park.

02 I enjoy _____ at a lake.

■ 전치사구

01 Instead of _____ in the contest, I watched as a spectator.

02 He's sorry for _____ to his friends.

Exercise 3   다음 주어진 단어를 참고로 하여 영작하세요.

01   책을 읽는 것은 재미있다.

→ _____.
(read, fun)

02   지하철을 타는 것은 흔하다.

→ _____.
(take the subway, common)

03   밤새 공부하는 것은 쉽지 않다.

→ _____.
(all night, study, not easy)

04   한국 TV 프로그램들을 보는 것이 동남아시아에서 유명해졌다.

→ _____.
(Korean TV programs, watch, Southeast Asia, famous)

05   숙면을 하는 것은 당신을 상쾌하게 만든다.

_____.
(sleep sound, refreshed)

06   좋은 친구를 사귄다는 것은 언제나 좋은 것이다.

→ _____.
(a good thing)

Check up

STEP 3 **분사 :** 분사는 형용사역할을 하므로 명사를 꾸며준다. 단독으로 꾸밀 때는 형용사처럼 앞에서

뒤로 꾸미고 길어질 경우 뒤에서 앞으로 꾸민다.

분사	현재분사 → 원형 + ing → 능동의 뜻
	과거분사 → p. p. 형태 → 수동의 뜻

❶ 현재분사

분사 #32

- a **dancing** girl (단독 수식, 앞 - 뒤)
  춤추는 소녀

- a girl **dancing on the floor** (길어진 경우, 뒤 - 앞)
  마루에서 춤추는 소녀

❷ 과거분사

- the **broken** vase
  깨진 화병

- the vase **broken by a girl**
  한 소녀에 의해서 깨진 화병

Exercise 1 다음 주어진 한글에 맞게 영어로 적으세요.

01   공부하는 소년   →   _____

02   도서관에서 공부하는 소년   →   _____

03   부는 바람   →   _____

04   동쪽으로부터 부는 바람   →   _____

Exercise 1-1 다음 주어진 한글에 맞게 영어로 적으세요.

01   깨진 유리   →   _____

02   공에 의해서 깨진 유리   →   _____

03   잠긴 문   →   _____

04   열쇠로 잠긴 문   →   _____

Exercise 2 괄호 안에서 어법에 맞는 표현을 고른 후, 문장을 해석하세요.

01   I couldn't fix the (breaking / broken) radio.
→

02   The (steaming / steamed) food looks very delicious.
→

03   It took them a long time to open the (locking / locked) door.
→

04   The (cheering / cheered) fans made singers sing better.
→

05   The flowers (floating /floated) on the lake look beautiful.
→

06   The cook looks (tiring / tired). She keeps dropping the ingredients.
→

07   That exercise must be (tiring / tired). The man is exhausted after one set.
→

08 He was (touching / touched) after hearing the emotional story.
→

09 The chocolate was (tempting / tempted) for children.
→

10 He seemed to be (tempting / tempted) by the chocolate.
→

Exercise 2-1 괄호 안에서 어법에 맞는 표현을 고른 후, 문장을 해석하세요.

01 The (threatening / threatened) announcements caused problems between the countries.
→

02 The (mesmerizing / mesmerized) photograph won the Pulitzer Prize.
→

03 It was interesting to see a man (living / lived) on top of a tree.
→

04 The (exciting / excited) crowd was becoming dangerous.
→

05 My dog found out the refrigerator (leaving / left) open and soon ate
   all the food.
→

06 The number of people (using / used) smart phones is at its highest.
→

07 Tim is (preparing / prepared) because he has packed all his things.
→

08 The women (spreading out / spread out) the rumor were taken into custody.
→

09 We threw away the meat (burning / burned) on the bottom-side.
→

10 All of the shops (closing / closed) for the holidays were now back in business.
→

◆ 분사로 감정 표현하기

짜증나고, 신나고, 등의 감정을 표현할 때 분사를 사용할 수 있는데요!
수동을 나타내는 과거분사(p.p.)를 쓸까요? 능동을 나타내는 현재분사(ing)를 쓸까요?

한번 생각해 볼까요?
제가 갑자기 하하하 웃다, 엉엉 울다, 버럭 화내면 이상하겠죠?
왤까요? 보통 감정의 변화는 외부의 요인에 '의해' 좌우되는 것이기 때문입니다.

좋아하는 그녀에게 난 그저 호구였단 사실에 '의해서' 우울하게 된 것이고
처음 산 로또에 당첨됐다는 사실에 '의해서' 흥분되는 것입니다.

I became <u>depressed</u>.
I am <u>excited</u>.

만약 현재분사로 쓰고 싶다면 어떻게 활용할 수 있을까요?

The news was depressing. (그 소식은 우울함을 일으키는 것이었다.)
The concert was exciting. (그 콘서트는 흥분을 일으켰다.)

그 소식 자체가 (능동적으로) 우울함을 일으키고, 콘서트 자제가 흥분을 불러일으키므로 현재분사를 써서 표현할 수 있
겠죠?

물론 제가 위에 예문에서처럼 보어로만 사용하는 것이 아니라
depressed man, excited girl, depressing news, exciting concert 이런 식으로도 쓸 수 있을 것입니다.

그럼 주요 감정을 나타내는 동사를 소개해드릴게요~!

놀람	surprise(놀라게 하다), amaze /astonish(매우 놀라게 하다), frighten(겁먹게 만들다)
기쁨·만족	amuse(즐겁게 하다), delight /please(기쁘게 하다), satisfy(만족시키다)
당황	embarrass /puzzle /perplex /baffle(당황스럽게 하다), confuse(혼란시키다)
실망	disappoint(실망시키다), discourage /frustrate(좌절시키다)
기타	excite(흥분시키다), interest(흥미를 유발하다), impress(감명을 주다), move /touch(감동시키다), depress(우울하게하다), tire /exhaust(지치게 하다), bore(지루하게 하다)

Exercise 3   밑줄 친 부분을 어법에 맞게 고치세요

01   The student <u>study</u> English looks young.

02   I love to collect <u>broke</u> clocks.

03   He look at a turtle <u>sit</u> on a rock.

04   The plants <u>grow</u> in her garden are fresh.

05   The man <u>stand</u> in the bank looks suspicious.

06   The TV was on for <u>wait</u> patients.

07   The man <u>work</u> as a janitor wants to change his job.

08   The plane <u>delay</u> due to the heavy snow is preparing for departure.

Exercise 3-1   밑줄 친 부분을 어법에 맞게 고르세요.

01   He kept staring at the <u>dance</u> girl.

02   I lost my wallet <u>fill</u> with money.

03   <u>Cook</u> food is healthier than instant food.

04   The baby <u>carry</u> by her mother was always quiet.

05   We never use products <u>make</u> in China.

06   The cats <u>live</u> outside were scratching the door.

07   The <u>frighten</u> movie bothered him at night.

08   That man <u>sit</u> on the bench is my uncle.

Exercise 4 다음 문장에서 어법에 맞지 않는 부분을 고치세요.

01   The car broke by the neighbor was fixed today.

02   The women live downstairs came and complained about the noise.

03   People read at the library can focus much better than in a cafe.

04   My father was excite about my upcoming wedding.

05   The cake prepare for her birthday party was enormous.

06   The lecture on the economic history of Bosnia was very bored.

07   Children scold by their parents too often sometimes grow up to be introspective.

08   The man boring from the long TV show went outside for fresh air.

09   The boat race at the lake was very excite.

Actual Test

❖ 분사 실전 독해 연습

Actual Exercise 1 다음 주어진 문장에서 사용된 분사를 확인하고 해석하세요.

01 Lead is a naturally occurring toxic metal found in the Earth's crust.

→

02 High-fat foods are sources of the increasing obesity rate.

→

03 Over the last few years, the moral dilemma facing hotel guests has changed.

→

04 Daily meditation is a proven remedy for such dangerous spiritual lethargy.

→

lethargy (n) 무기력

05 Sandwich was named after a man named Sandwich.

→

06 The country is a small one with the three quarters of the land surrounded by the sea.

→

07 The corals are the foundation of an ecosystem increasingly damaged by fishing nets.

→

foundation (n) 근간, 토대

08 He has played a leading role in various organizations of the U. N. during the past 10 years.

→

09 The failure is reminiscent of the problems surrounding the causes of the fatal space shuttle disasters.

→

Check up

B 준동사 역할에 따른 분류

표로 한눈에 보기!

1단계: 단어	2단계: 구(준동사)	하는 일
명사	= to부정사, 동명사	→ 주어, 목적어, 보어자리에 들어감.
형용사	= to부정사, 분사	→ 명사 수식
부사	= to부정사	→ 명사 빼고 다 수식, 문장 끝나고 올 수 있다.

STEP 1 명사적 용법

	공통점	차이점
to 부정사	명사의 역할 즉, 주어, 목적어, 보어자리에 들어갈 수 있다.	주어와 보어자리에는 아무거나 써도 되지만, 목적어자리는 앞에 있는 동사에 따라 동명사가 올지 to 부정사가 올지 결정된다.
동명사		

❶ 주어 역할

- To study English is fun. (o)
  영어를 공부하는 것은 재미있다.
- Studying English is fun. (o)
  영어를 공부하는 것은 재미있다.

❸ 목적어 역할

- I decided to study hard. (o)
  나는 열심히 공부할 것을 결심했다.
- I decided studying hard. (x)
- I enjoyed to meet people. (x)
- I enjoyed meeting people. (o)
  나는 사람들을 만나는 것을 즐겼다.

❷ 보어 역할

- My plan is to call her. (o)
  나의 계획은 그녀에게 전화를 거는 것이다.
- My plan is calling her. (o)
  나의 계획은 그녀에게 전화를 거는 것이다.

Exercise 1 다음 밑줄 친 부분을 어법에 맞게 고쳐 쓰세요. (여러 개 가능)

01 You must remember <u>keep</u> calm at all times.

02 I refuse <u>wake</u> up early on weekends.

03 He pretends <u>have</u> a super car.

04 I never enjoy <u>eat</u> dinner with my grandparents.

05 They forgot <u>turn</u> on the heater.

06 He denied <u>dance</u> with his mother at the party.

07 <u>Plant</u> a tree may be a great idea.

08 They agreed <u>take</u> the dog on their trip.

09 <u>Have</u> lots of friends can be the greatest joy of life.

10 We shouldn't amuse ourselves by <u>tease</u> friends with disabilities.

Exercise 1-1 다음 밑줄 친 부분을 어법에 맞게 고쳐 쓰세요. (여러 개 가능)

01 I forgot <u>eat</u> breakfast this morning.

02 His dream was <u>teach</u> at an elementary school.

03 Could you help me with <u>clean</u> my room?

04 I agreed <u>wash</u> my father's car.

05 We wanted <u>watch</u> the movie quickly.

06 We stopped <u>confirm</u> whether we were heading to the right direction.

07 The children wanted to stop <u>think</u> about the mid-term exams.

08 <u>Take</u> medicine is not always the best way to cure a disease.

09 They continue <u>walk</u> towards the mountain top.

10 All of the classmates finished <u>write</u> a letter for their teacher.

Exercise 2   다음 밑줄 친 부분을 어법에 맞게 고쳐 쓰세요. (여러 개 가능)

01   I enjoy <u>read</u> comic books.

02   <u>Eat</u> slowly is healthy for both the body and the mind.

03   <u>Prepare</u> for a concert takes a lot of time and energy.

04   I quit <u>swim</u> for the school team.

05   He decided <u>watch</u> the TV show while eating dinner.

06   His hobby is <u>ride</u> a skateboard.

07   It's good <u>wake</u> up early and prepare for the day.

08   We waited in line <u>get</u> good seats for the musical.

09   My father never forgets <u>wake</u> me up for breakfast.

10   The policemen had striven <u>catch</u> the burglar, but he was too fast.

Check up

STEP 2 **형용사적 용법**

	공통점	차이점
to부정사	형용사의 역할 즉, 명사를 꾸며준다. 단독으로 꾸며주는 것이 아니라 구가 길어질 경우 (2단어 이상으로 구성) 뒤에서 앞으로 꾸민다.	'~할' 이라는 미래적 의미가 포함됨.
분사		현재 '하고 있는'이라는 능동의 의미일 땐 현재분사를, '된'이라는 수동의 의미일 땐 과거분사를 사용한다.

- a built house (단독 수식 앞→뒤)
  지어진 집
- a house built in the neighborhood (길어진 경우, 뒤→앞)
  동네에 지어진 집
- a house to be built in the neighborhood (길어진 경우, 뒤→앞)
  동네에 지어질 집

STEP 3 **부사적 용법**

- to부정사 파트 참조

Exercise 1 다음 주어진 한글에 맞게 영어로 적으세요.

01   우는 소년   → _____

02   울 소년   → _____

03   차를 운전하는 남자   → _____

04   차를 운전할 남자   → _____

05   가방을 들고 있는 여성   → _____

06   보내진 편지   → _____

07   보내질 편지   → _____

Exercise 1-1　다음 주어진 한글에 맞게 영어로 적으세요.

01　달리는 강아지　　　　→　_____

02　달릴 강아지　　　　　→　_____

03　우유를 마시는 아기　　→　_____

04　우유를 마실 아기　　　→　_____

05　떨어지는 잎사귀들　　→　_____

06　떨어질 잎사귀들　　　→　_____

▌준동사 종합문제

Exercise 1　다음 밑줄 친 단어를 어법에 맞게 고치세요.

01　<u>Watch</u> TV is not the best way to spend spare time.

02　It is your duty <u>wash</u> your clothes.

03　The letter <u>send</u> to me has not arrived yet.

04　<u>Eat</u> three meals a day is too little for me.

05　You should not forget <u>brush</u> your teeth this evening.

06　The food <u>cook</u> by the child was better than what we expected.

07　The man <u>sit</u> on the bench watched his children from a distance.

08　The girl <u>jog</u> every day is losing weight slowly.

09　<u>Lose</u> a computer game is not the end of your life.

10　The house <u>damage</u> by the hurricane was rebuilt as soon as possible.

11　His dream of <u>reach</u> the top of Mt. Everest was about to be accomplished.

12　That boy <u>play</u> in the playground is pretending to be a monkey.

Exercise 1-1 다음 밑줄 친 단어를 어법에 맞게 고치세요.

01   The women <u>do</u> their laundry were singing songs.

02   <u>Study</u> hard is one of many paths to success.

03   The small child <u>hold</u> up his bowl begged for more food.

04   Those cats <u>fight</u> in the alley are as ferocious as tigers.

05   The boy <u>run</u> the marathon was the youngest participant ever.

06   His plan <u>quit</u> smoking always starts tomorrow.

07   The pillow cover <u>weave</u> by my grandmother was a work of art.

08   Products <u>make</u> in China can be found all around the world.

09   The Declaration of Independence <u>free</u> America from Great Britain was proclaimed in 1776.

10   A man <u>name</u> Van Gogh drew many famous paintings.

11   Luckily, my ex-girlfriend <u>walk</u> in my direction did not recognize me.

12   The man <u>plead</u> for help was ignored by the passing people.

❖ 준동사 실전 독해연습

Actual Exercise 1   다음 주어진 문장에 쓰인 준동사에 유의하며 해석하세요.

01   The lighthouse was built to guide boats at night.

02   "Introspective" means being shy and reserved.

03   He seemed to be happy with losing his job.

04   Becoming a parent takes on great responsibilities.

05   I was a shy boy speaking little and always playing by myself.

06   The puzzle divided into 10,000 pieces was a challenge for
     Tom and Tim.

07   It was difficult to do the homework because the instructions given
     to us were unclear.

08   The couple ran as fast as they could to watch the movie on time.

09   Parents with small children find it hard to enjoy leisure time
     for themselves.

10   The tornado stopped tearing down houses and dissipated before
     it reached the town.

introspective
(adj) 내성적인

reserved
(adj) 말을 잘 하지 않는

leisure time
(n) 여가

dissipate
(v) 소멸되다

Actual Test

Actual Exercise 2 다음 주어진 문장에 쓰인 준동사에 유의하며 해석하세요.

01   We plan to clean up the whole house for the next family.

02   The closet removed from the room allowed more space for the running machine.

03   The number of cars leaving the city led the highway to a traffic jam.

traffic jam
(n) 교통체증

04   It is considered impolite to eavesdrop on other people's conversations.

eavesdrop
(v) 엿듣다

05   The World Health Organization currently works to prevent any further wide-spread epidemics.

epidemic
(n) 유행병

06   A small number of rich people hoarding their money can be found in many poor countries.

hoard   (v) 저장하다

07   I have already told you the directions going to the bus station.

08   Having a positive mind in times of hardship is a precious trait not given to everyone.

trait   (n) 특성

09   In present-day Korea, a person not using a smart phone is rare to come by.

10   One of the necessities of a good leader is mingling with common people to hear what they want to say.

necessity   (n) 필연성

mingle
(v) 섞이다, 어우러지다

Actual Exercise 3 다음 주어진 문장에 쓰인 준동사에 유의하며 해석하세요.

01 My best friend gave me a present signed by my favorite movie star.

02 Swimming in this weather will be like taking a bath in the freezer.

03 It bothers Tim to have to write with his left hand.

04 The man mowing the lawn was also singing on the tip of his tongue.

05 It was a miracle to preserve the endangered species.

06 The accident was caused on purpose to benefit the rival company.

07 Since you are an adult now, it is your choice to make.

08 The man wandering through the desert came across an abandoned truck.

09 The whole city felt the earthquake followed by a black out.

black out
(n) 정전

10 The musician performing onstage had to improvise due to the sudden change of performers.

improvise
(v) 즉석에서 연주하다

Actual Test

Actual Exercise 4 다음 주어진 문장에 쓰인 준동사에 유의하며 해석하세요.

01 Without plants to eat, animals must leave their habitat.

02 It is important to find a way to settle the issue before the meeting begins.

03 It always takes a little time to tune in on a professor's style.

tune in
(v) 알게되다, 이해하다

04 Beginning early applies to a better fluency in every language.

05 Children playing in the playground were hungry because it was almost dinner time.

06 A crucial factor is dropping the sauce into the boiling water at the exact time.

07 Newton made unprecedented contributions to mathematics, optics, and mechanical physics.

mechanical physics
(n) 기계 물리학

08 Corporations manufacturing computers with toxic materials should arrange for their disposal.

09 The skeleton supporting this ancient shark's gills is completely different from that of a modern shark's.

gill (n) 아가미

10 The exhibitors at the trade fair pass out free samples to stimulate interest.

11 Several factors influencing longevity are set at birth, but surprisingly, many others are changeable.

longevity (n) 장수

12   Doctors, scientists, and public health experts often travel to
     these regions to solve the mystery of long, healthy life.

Actual Exercise 5 다음 주어진 문장에 쓰인 준동사를 유의하며 해석하세요.

01   Experienced salespeople claim there is a difference between
     being assertive and being pushy.

02   The school will start a program designed to deter kids to watch
     TV too much.

03   To avoid death duty, the man made over the greater part of his
     property to his only son as soon as he retired.

death duty
(n) 상속세

04   The opposition party leaders promised to persist in their efforts
     to force the prime minister's resignation.

party (n) 당, 정당
persist (v) 그만두다

05   Most people acknowledge that being ethical means being fair
     and reasonable and not being greedy.

06   Reforms enacted in some states have already taken effect,
     whereas in other states, reforms legislation is shelved.

enact (v) 제정시키다
shelve (v) 보류시키다

07   One of the issues now facing the family would be what to do about
     the children's schooling.

Actual Test

08 Irrational regulations hampering free competition and creativity of businesses should be overhauled.

hamper (v) 방해하다
overhaul (v) 철저히
조사하다

09 A mother of an immigrant faced with rebellious teenager may be better equipped to counter defiance and rhetoric in her own language.

rebellious
(a) 반항적인
defiance (n) 반항
rhetoric (n) 수사학,
화술
regulation (n) 규제
efficiency rating
효율 등급

10 Regulations related with the life or safety or those aiming at technological and industrial development, such as energy efficiency rating of buildings, should be maintained.

11 If you're faced with a complicated problem, it is very tempting to chop it up into a lot of simple problems and then knock them off one by one.

12 These days, the question of whether to remove the towels from their hotel room has been replaced by the question of whether to re-use the towels during the course of their stay.

13 Back in the mid-1970s, an American computer scientist called John Holland hit upon the idea of using the theory of evolution to solve notoriously difficult problems in science.

hip upon (v)
(아이디어 등을) 생각
해내다

Unit 2

2

2단계: 구 (준동사)

UNIT

3 3단계: 절

3단계에 들어가기 전에...

절은 최소 한 개 이상의 문장 구성요소(주어, 목적어 등)와 동사로 구성된 것을 의미합니다.
절이 문장과 다른 점은 예를 들어 3형식의 경우
주어, 동사, 목적어를 다 갖추어야 문장 및 절이라 할 수 있지만

목적어나 주어가 빠진 불완전한 경우에는 문장이라 할 순 없어도 절이라고 할 순 있습니다.
불완전절과 완전절의 개념은 3단계에서 매우 중요하니 꼭 이해하고 넘어가세요.

• She ate. (불완전절)
• She ate a hamburger. (완전절, 문장)

3단계에서는 명사절, 형용사절, 부사절을 배울 건데

특히, 명사절, 형용사절, 부사절을 이끄는 접속사들에 대해서 중점적으로 공부할 것입니다.

UNIT 3 3단계: 절

STEP 1 **명사절을 이끄는 접속사:** 명사절은 접속사 자체도 해석이 되며, 접속사 뒤에 절이 온다. 명사처럼 주어, 목적어, 보어의 역할을 한다.

◇ **독해를 위한 명사절 요약**

what, that, who, when,,, + 절 = 명사 → 통째로 주어, 목적어, 보어 자리에 들어감

❶ **that과 what:** '~라는 것'이라고 해석되며 that 뒤에는 완전, what 뒤에는 불완전한 절이 온다.

명사절 (상) #39

- I decided that I would pass the exam. (목적어 역할)
  나는 내가 그 시험에 통과할 것이라고 결심했다.

- I decided to do what I want. (목적어 역할)
  나는 내가 원하는 것을 하기로 결심했다.

- That I have such a great ability is unbelievable. (주어 역할)
  내가 그런 대단한 능력을 가졌다는 것이 믿을 수 없다.

- Our plan is that we invite Tom. (보어 역할)
  우리의 계획은 우리가 Tom을 초대하는 것이다.

❷ **if와 whether:** '인지 아닌지'라고 해석되며 둘 다 뒤에 완전한 문장이 온다.
  if는 '목적어'절에만 쓰인다.

- Nobody knows whether(if) he has power or not.
  누구도 그가 권력을 가졌는지 아닌지 모른다.

- If he is upset is important to me. (x)

- Whether he is upset is important to me. (o)
  그가 속상해하는지 아닌지가 나에게 중요하다.

▌ 명사절을 이끄는 접속사

Exercise 1   주어진 두 개의 접속사 중에서 올바른 것을 고르세요.

■ 주어

01   (That / What) we made fun of Kelly made her cry.

02   (That / Whether) she will pass or fail depends on her concentration.

03   (That / What) makes the boy the great man is his integrity.

■ 보어

01   Our plan is (that / what) there won't be any decorations.

02   The most important issue is (that / what) Simon disrupted Peter.

■ 목적어

01   We decided to eat (what / that) he ate yesterday.

02   Tell Santa Claus (what / that) you want for this Christmas.

Exercise 1-1   주어진 두 개의 접속사 중에서 올바른 것을 고르세요.

■ 주어

01   (What / That) you seem to be uninterested is quite amazing.

02   (What / Whether) you can prepare is lettuce and tomato.

■ 보어

01   The question is (what / that) we shall do this weekend.

02   The main problem is (what / that) our electricity has been cut off.

■ 목적어

01   Kim never mentioned (what / that) she liked action movies.

02   I don't know (what / whether) it will be cold or hot tomorrow.

Check up

③ 의문사절: 이름에 현혹되지 말고 의문대명사, 의문형용사, 의문부사 모두 명사의 역할을 하는 명사절 접속사라는 것을 기억해서 활용해야 한다.

의문 대명사	의문 형용사	의문 부사
who (누가, 누구를)	whose (누구의)	when (언제)
which (어느 것)	which (어느~)	where (어디)
what (무엇)	what (어떤)	why (왜)
		how (얼마나, 어떻게)

명사절 (하) #40

- I wonder who is responsible for the problem.
  나는 누가 그 문제에 책임이 있는지 궁금하다.
- I wonder which part of the movie she likes in the movie.
  나는 어떤 부분을 그녀가 그 영화에서 좋아하는지 궁금하다.
- How many people will gather is our key concern.
  얼마나 많은 사람들이 모이게 될 지가 우리의 핵심 관심사이다.
- What color will be painted on the wall depends on his choice. (의문 형용사)
  어떤 색깔이 벽에 칠해지게 될 지가 그의 선택에 달려있다.
- What I wanted to eat didn't matter at all. (의문 대명사)
  무엇을 내가 먹기를 원했는 지는 전혀 중요하지 않았다.

Exercise 1-2 주어진 두 개의 접속사 중에서 올바른 것을 고르세요.

■ 주어

01 (What / When) he had said hurt my feelings.

02 (Why / Which) you chose to quit the job is what I am asking.

03 (How / What) you had cut your hair surprised everybody here.

■ 보어

01 The question is (how / what) you will cope with it.

02 Her question was (what / where) you had bought that coat.

■ 목적어

01　He feels (what / that) he must go home and rest.

02　Please tell me (which / how) page we are on.

03　Your face tells me (that / what) you will do.

Exercise 1-2　주어진 두 개의 접속사 중에서 올바른 것을 고르세요.

■ 주어

01　(Where / Which) the plane had crashed was a mystery.

02　(What / Who) won the game is not yet known.

■ 보어

01　The problem is (that / which) choice he will make.

02　The question is (that / what) I am curious about.

■ 목적어

01　I wanted to know (what / when) the dinosaurs became extinct.

02　The archaeologist knows (what / how) the dinosaurs became extinct.

Exercise 2　다음 주어진 문장에 맞게 영작하세요.

01　어디서 내가 그 컴퓨터를 샀는지가 중요하다 / 나의 여동생에게

→ _____ .

02　어떻게 내가 그의 비밀을 알았는지가 중요하다 / 내 친구에게

→ _____ .

03　얼마나 내가 자주 수영하는지가 중요하다 / 내 엄마에게

→ _____ .

04　진실은 Daniel이 그의 아버지라는 것이다.

→ _____ .

05　Daniel이 그의 아버지라는 것은 진실이다.

→ _____ .

Exercise 2-1 다음 주어진 문장에 맞게 영작하세요.

01 나는 그가 곧 날씬하기를 희망한다. (skinny)

→ _____ .

02 사실은 그가 그 책을 읽지 않았다는 것이다.

→ _____ .

03 나는 모르겠다 / 왜 그가 내가 거짓말을 하고 있다고 생각하는 지를.

→ _____ .

04 나의 어머니는 사랑이 중요하다고 나에게 말씀하셨다.

→ _____ .

05 내가 알기를 원하는 것은 그가 충분히 빠르게 달릴 수 있는지 아닌 지이다.

→ _____ .

Exercise 3 다음 문장에서 괄호 안에 알맞은 표현을 고르세요.

01 (If / Whether) the news is correct or not is very important.

02 She asked me (which / how) photo I liked best.

03 She asked him (if / that) he could pick up the kids from school.

04 She asked me (what / when) I could come back home.

05 (How / What) is important is your faith.

06 I don't know (which / that) decision I should make.

07 (How / Whether) I can stay or not depends on my schedule.

08 I believe (what / that) it will rain tomorrow.

09 I wondered (what / how) you needed to know.

10 (How / What) much time you spend with your family means a lot to me.

Exercise 4 다음 빈칸에 적절한 접속사를 적으세요. (여러 개 가능)

01   His plan is _____ makes my life happier.

02   I wish _____he will be smarter soon.

03   Elizabeth said _____ she will remain silent until tomorrow.

04   The problem seemed _____ he had already sold his house.

05   Her biggest concern is _____ his cat sometimes disappears.

06   I always keep in mind _____ I read in a book.

07   I don't know _____ John never eats rice.

08   I wondered _____ she would accept my deal.

09   They asked me _____ restaurant I preferred among them.

10   My mother told me _____ I should sign the contract.

11   His opinion is _____ everyone should remain silent and stay focused.

Actual Test

❖ 명사절을 이끄는 접속사 실전 독해연습

Actual Exercise 1 다음 문장에 쓰인 명사절을 확인하고 해석하세요.

01 The foods may also influence how your brain handles tasks.

02 No one knows how many bags the students will carry on board with them.

03 People tend to think that superfoods should be exotic and imported from overseas.

exotic
(a) 외국산의, 이국적인

04 She explained to him how unfairly workers were treated.

05 What's more amazing is that the gnarled trees sprout from rocks.

gnarled
울퉁불퉁하고 비틀린

06 There is no knowing how far science may progress by the end of the twenty first century.

There is no~ing
~하는 것은 불가능하다

07 One of the immutable laws of television is that low ratings inevitably lead to cancellation.

ratings 시청률

08 Three-quarters of what we absorb in the way of information about nature comes into our brains via our eyes.

in the way of ~로

09 The executives should estimate their debt-to-income ratios to see whether they run the risk of becoming insolvent.

debt-to-income ratios
총부채상환비율

insolvent (a) 파산한

10 This discovery indicates that there may be a connection between emotional factors and illness.

11 Whether or not we are likely to get various diseases depends on how well our immune system works.

12 In one study, students were asked to predict as accurately as possible when they would turn in their theses.

thesis (n) 논문, 복수형 theses

Check up

STEP 2 **형용사절을 이끄는 접속사:** 형용사절을 이끄는 접속사는 크게 관계대명사와 관계부사로 나뉜다. 명사를 뒤에서 앞으로 꾸민다. 명사절과는 달리 형용사절을 이끄는 접속사는 해석하지 않는다.

◇ 독해를 위한 형용사절 요약

who(m), that, which, when,,, + 절 = 형용사 → 통째로 명사를 뒤에서 앞으로 꾸밈

❶ **관계 대명사:** 뒤에 불완전한 절이 온다

꾸며줄 명사	주격	소유격	목적격
사람	who	whose	who(m)
사물, 동물	which	whose of which	which
사람, 사물, 동물	that	x	that

★ 주격 관계대명사 뒤에는 주어가 빠진 절이 온다.
★ 소유격 관계대명사 뒤에는 관사가 빠진 명사로 시작하는 절이 온다.
★ 목적격 관계대명사 뒤에는 목적어가 빠진 절이 온다.

형용사절을 이끄는 접속사 (상)-
관계대명사, 관계부정사 #41

- There was some reason <u>that she didn't want to see him</u>.
  그녀가 보길 원하지 않는 몇몇의 이유가 있었다.

- Above all, I like the book <u>whose cover is colorful</u>.
  무엇보다도, 나는 표지가 다채로운 그 책을 좋아한다.

- She always carries the bag <u>which her boyfriend gave her</u>.
  그녀는 항상 그녀의 남자친구가 그녀에게 준 가방을 가지고 다닌다.

❷ **관계 부사**

꾸며줄 명사		격은 따로 없음
장소	where	= at(on, in) which
시간	when	= at(on, in) which
이유	why	= for which
방법	how	= in which

- We arrived at the restaurant <u>where we had made a reservation</u>.
  우리는 우리가 예약했었던 그 식당에 도착했다.

- She recalled the day <u>when her daughter had been born</u>.
  그녀는 그녀의 딸이 태어났었던 날을 회상했다.

- I told him the reason <u>why(that) I was absent from school</u>.
  나는 그에게 내가 학교를 결석한 이유를 말해줬다.

Exercise 1 다음 주어진 문장을 분석하고 해석하세요.

01   James is the man who sang on the stage last night.

02   I know the restaurant which sells delicious pasta.

03   I want to read the letter which he wrote me last year.

04   A rich woman bought the book that was written by Shakespeare.

05   I will help the girl who wants to be a painter.

06   <Sound> is the novel which I like most.

07   She ate the salad which was made by her husband.

08   He loves the girl who likes taking a nap.

09   I have a good friend whose hair is red.

10   Tony is dating a woman whose name is Alice.

Exercise 1-1 다음 주어진 문장을 분석하고 해석하세요.

01 She is the woman whom I work with.

02 I know a girl whose father is a math teacher.

03 You should observe the birds which live in this area.

04 He is the man whom I went to Japan with.

05 John is the man whom I met in Seoul.

06 He was repairing the refrigerator whose doors were all broken.

07 They visited the temple where a famous monk was born.

08 She found the name card which she had lost 2 months ago.

09 They met an old lady whose clothes were fancy.

Check up

■ 명사절 접속사와 형용사절 접속사의 비교

하나의 접속사가 명사절과 형용사절 둘 다 이끌 수 있다. ❶차이점은 명사절을 이끄는 접속사는 해석을 하고, 형용사절을 이끄는 접속사는 해석을 안 한다. ❷명사절은 문장에서 주어, 목적어, 보어의 역할을 하고 형용사절은 명사를 꾸며주는 역할을 한다는 점에서 다르다.

- I decided that I would pass the exam. (명사절_목적어 역할)
  나는 내가 그 시험에 통과할 것이라고 결심했다.

- There were some reasons that she didn't want to see him. (형용사절_reason을 꾸밈)
  그녀가 그를 보길 원하지 않는 몇몇의 이유가 있었다.

- I wonder whose camera this is. (명사절_목적어 역할)
  나는 이것이 누구의 카메라인지 궁금하다.

- Above all, I like the book whose cover is colorful. (형용사절_book을 꾸밈)
  무엇보다도, 나는 표지가 다채로운 그 책을 좋아한다.

- Which part of the movie she likes is my question. (명사절_주어 역할)
  그 영화의 어떤 부분을 그녀가 좋아하는지가 나의 질문이다.

- She always carries a bag which her boyfriend gave her. (형용사절_bag을 꾸밈)
  그녀는 항상 그녀의 남자친구가 그녀에게 준 가방을 가지고 다닌다.

■ 접속사의 생략

❶ **명사절 접속사의 생략**: 타동사 think, believe, know, hope, say, expect 등의
목적어로 쓰인 that절은 생략할 수 있다.

- She always thinks (that) he is kind.
  그녀는 항상 그가 친절하다고 생각한다.

- They believe (that) Monica will get the prize.
  그들은 Monica가 그 상을 받을 것이라고 믿는다.

- I hope (that) I will be able to meet my family.
  나는 내가 나의 가족을 만날 수 있게 될 것이라고 희망한다.

형용사절을 이끄는 접속사 (하) #42

▌ 명사절 접속사와 형용사절 접속사의 비교

Exercise 1　다음 문장에서 밑줄 친 접속사가 명사절과 형용사절 중 어떤 절을 이끄는지 구별하세요.

01　I don't know <u>who</u> will win the game.

02　The boy <u>who</u> won the game is very tall.

03　He asked me <u>which</u> book was my favorite.

04　The book <u>which</u> was my favorite is about to be sold.

05　She is wondering <u>where</u> he will go for a vacation.

06　The place <u>where</u> he went for vacation is America.

07　He said <u>that</u> he ate a lot of food <u>that</u> he didn't't want to eat.

08　<u>What</u> she wants from me is <u>that</u> I help her homework.

09　I know a girl <u>whose</u> eyes are green.

10　It's not easy to decide <u>whose</u> painting is best.

Exercise 2　다음 문장에서 괄호 안에 알맞은 표현을 고르세요.

01　I know (that / who) will take you to church.

02　She asked me (whom / that) I was dating with.

03　She knows (that / what) her father is waiting for.

04　John (who / whose) father is a soccer team coach is very tall.

05 (Who / That) will win the competition will be presented in 10 minutes.

06 (If / Whether) he will go to school or not depends on his health conditions.

07 (How / What) he communicated with the Native Americans has not been discovered.

08 How (do you cook / you cook) your meal affects its calories.

Exercise 2-1 다음 문장에서 괄호 안에 알맞은 표현을 고르세요.

01 Your experience affects (what / how) you view the world.

02 I will have to tell the teacher (that / what) my classmates need.

03 A firefighter broke into the house (where / which) the room was full of hazardous smoke.

04 She tried to find out (why / which) he became sick after lunch.

05 The members became too focused on (how / who) is responsible for the disaster.

06 (What / That) benefits the environment also benefits human-beings.

07 A mouse went into the room (where / what) a boy was making a mess.

08 One thing (what / that) I regret is (what / that) I didn't let him make his own decisions.

▌ 명사절 접속사의 생략

Exercise 1　다음 명사절이 포함된 문장에서 생략된 접속사를 확인하고 해석하세요.

01　I know Jason is not watching TV.

02　I hope all my friends come to my birthday party.

03　They say the weather will be warmer tomorrow.

04　She thought her brother will never pass the test.

05　They noticed there was someone sneaking into the house.

Exercise 1-1　다음 명사절이 포함된 문장에서 생략된 접속사를 확인하고 해석하세요.

01　I hope she will finish her work on time.

02　She expects someone will pick up the kids from school.

03　They all know she is lying to protect his father.

04　He promised he would be a great actor.

05　She thinks he may forget to write down his homework.

시험과 독해를 위한 BEST문법 3

◆ 형용사 절을 이끄는 접속사의 생략

형용사 역할을 하는 접속사도 생략이 가능할 때가 있습니다. 예문을 먼저 볼까요?

① The girl <u>who</u> I met yesterday is cute.
② The girl <u>who</u> met him yesterday is cute.

명사절, 형용사절,
부사절 마무리 #43

두 문장 중에서 생략할 수 있는 관계대명사 who는 누구일까요?

정답은 ①번입니다.

우리는 문장은 주어로 시작하고, 주어 다음에 바로 동사가 나온다는 것을 잘 알죠. 따라서 ①번에서 주어인 The girl 다음에 기다리는 동사가 아닌 명사가 나오므로 잠시 멈춰서 뭔가 생략는지 생각해볼 수 있습니다.

하지만 ②번에서 who가 없다면 바로 동사처럼 보이는 met이 나오기 때문에 바로 주어 동사연결해서 '소녀는 그를 만났다~'고 해석을 하다 뒤에 진짜 동사인 is를 발견하곤 무언가 잘못되었다고 느끼면 이미 해석이 이상하겠죠?

Check up

❷ **형용사절 접속사의 생략**: 목적어가 빠진 형용사절을 이끄는 접속사는 생략이 가능하다.

- The man (who(m)) I gave chocolate yesterday lives in my neighborhood.
  내가 어제 초콜릿을 준 남자는 나의 동네에 산다.

  - I went the building (that) he had built for 30 years.
    나는 그가 30년 동안 지었었던 빌딩에 갔다.

  - I visited the town (that) she lives in.
    나는 그녀가 사는 마을을 방문했다.

❚ Tip! ❚ **the way를 how가 꾸며줄 때 둘 중 하나를 생략한다.**
  - This is the way how she has lived in this country. (x)
  - This is the way she has lived in this country. (o)
  - This is how she has lived in this country. (o)
    이것이 그녀가 이 국가에서 살아온 방식이다.

Exercise 1 다음 형용사절이 포함된 문장에서 생략된 접속사를 확인하고 해석하세요.

01 It was something I was waiting for.

02 He has a son he has not seen since last year.

03 The person stole my wallet was my neighbor.

04 She has treated every girl she supports with respect.

05 That was the day I fell in love with him.

Check up //

❸ **삽입절:** 절 안에 별도로 '주어 + 동사'가 삽입될 수 있다.

■ **삽입절에 자주 쓰는 동사**

think, believe, know, say, suppose, expect, imagine, be sure 등

- 해석은 주로 '~하기에'로 된다.

- I keep a letter (that <I think> is important.)
  나는 내가 생각하기에 중요한 편지 하나를 보관한다.

//

Exercise 1 다음 주어진 문장에서 삽입절을 확인하고 해석하세요.

01   I am waiting for a girl who I believe is the school president.

02   He fears those who he thinks are drunk.

03   I found someone who they expect can lead our team instead of Kim.

04   The boy who I thought was smart had cheated on the test.

◆ **형용사절을 이끄는 접속사의 두 가지 용법**

한정적 용법

지금까지 배운 형용사와 같은 역할, 즉
형용사절 앞에 있는 명사를 꾸며주는 경우입니다.

계속적 용법

우리가 배운 것이 '*형용사절을 이끄는 접속사*'가 아니겠습니까?

접속이라는 것은 무언가를 이어준다는 것이지요.

따라서 계속적 용법은 형용사의 역할보다는 접속사의 기능이 강화된 것이라고 보면 됩니다.

계속적 용법은 관계사 앞에 comma(,)를 둬서 한정적 용법과 구별을 줍니다. 접속사(and 등)로 연결할 때처럼
해석은 앞에서부터 차례로 합니다.

- He went to borrow the book which his teacher had written. (한정적 용법)
  그의 그의 선생님이 쓴 책을 빌리기 위해 갔다.

- He went to borrow the book, which his teacher had written. (계속적 용법)
  그는 그 책을 빌리러 갔는데, 그것은 그의 선생님이 쓴 것이었다.

- He went for the book which was not in the library. (한정적 용법)
  그는 도서관에 없는 책을 위해 갔다.

- He went for the book, which was not in the library. (계속적 용법)
  그는 그 책을 위해 갔는데, 도서관에 없었다.

Actual Test

❖ 형용사절을 이끄는 접속사 실전 독해연습

Actual Exercise 1 다음 문장에 쓰인 형용사절을 확인하고 해석하세요.

01 I'd like to get a refund for this tablecloth that I bought here yesterday.

02 Despite all the mistakes I had made, he still trusted me.

03 The foods that you eat obviously affect your body's performance.

04 He proposed creating a space where musicians would be able to practice for free.

05 I met a student yesterday in the cafeteria who said she knew you.

06 Students who click their ball-point pens in class drive me up the wall.

07 There are some diseases that your doctor will rule out before making a diagnosis.

08 We are social animals who need to discuss our problems with others.

09 Kohlrabi is a member of Brassica, which also includes broccoli and cabbage.

10 The immune system in our bodies fights the bacteria and viruses which cause diseases.

Actual Exercise 2 다음 문장에 쓰인 형용사절을 확인하고 해석하세요.

01 The building was destroyed in a fire, the cause of which was
never confirmed.

02 An experiment was conducted with a group of women who had
low satisfaction in life.

03 She was a little vague but said something to the effect that
she would repay the loan very soon.

to the effect
~라는 의미의

04 There are several places in the world that are famous for people
who live a very long time.

05 The lab test helps identify problems that might otherwise
go unnoticed.

06 The police found an old coin whose date had become worn
and illegible.

illegible (a) 읽기 어
려운

07 Tom moved to Chicago, where he worked for Louis Sullivan.

08 The college newspaper prints only the news that is of interest to
the students and faculty.

faculty (n) 교수진

09 The humans who domesticate animals were the first to fall victim
to the newly evolved germs.

10 The main reason I stopped smoking was that all my friends had
already stopped smoking.

Actual Test

Actual Exercise 3 다음 문장에 쓰인 형용사절을 확인하고 해석하세요.

01 We were fortunate enough to visit the Grand Canyon, which has much beautiful landscape.

02 Disney's work draws heavily from fairy tales, myths, and folklore, which are profuse in archetypal elements.

profuse (a) 많은
archetypal
(a) 전형적인

03 The personnel department carries out a job analysis, which is a detailed study of the elements and characteristics of each job.

04 In this exhibition, the artist reflects her concern about the nature of the conflicts that are taking place in the Middle East.

05 I will discuss the case of cannibalism, which of all savage practices is no doubt the one that inspires the greatest horror and disgust.

savage (a) 야만적인

06 Hypnotized person lapses into a kind of trance, a state in which someone can move and speak but is not conscious in a normal way.

lapse into ~
(v) (상태)에 빠지다,

trance
(n) 무아지경 최면(상 태)

07 The United States national debt was relatively small until the Second World War, during which it grew from $43 billion to $259 billion in just five years.

08   Those who interacted with others reduced their concerns by 55 percent over time, but those who were left on their own showed no improvement.

09   Parents must not give up on kids who act rebellious or seem socially awkward; this is a normal stage most youngsters go through and eventually outgrow.

outgrow (v)
(성장해서) 벗어나다

독해실력 업데이트

두 개의 형용사절이 하나의 명사를 꾸밀 수 있다? 없다?

있다! 두 개의 형용사절이 나란히 꾸며주는데 두 번째 형용사절은 접속사를 생략하지 않습니다~!

You are the <u>only person</u> (① I've ever met) (② <u>who</u> understands me.)
당신은 (①내가 만난), (②나를 이해하는) 유일한 사람이다. (who 꼭 써주기)

I feel sad for <u>the kids</u> (① I see on the street) (② <u>who</u> are living in extreme poverty).
나는 내가 길에서 보고, 극한의 가난 속에서 살아가는 아이들에 대해 슬픔을 느낀다. (who 꼭 써주기)

Check up

STEP 3 부사절을 이끄는 접속사

시간	이유	목적
when(~할 때), while(~하는 동안), once(일단 ~하면), the moment(~하는 바로 그 순간, ~하자마자), as soon as(~하자마자), before(~전에), after(~후에), since(~이래로), by the time(~할 때까지), every time(할 때마다) 등	because(왜냐하면, ~때문에), as/ since(~므로, ~이여서), now (that)(~이니까), in that(~라는 점에서) 등	so that 조동사(~하기 위해서), lest ~ (should) (~하지 않기 위해서), for fear (that) ~ (should) (~할까 두려워)

결과	조건	양보
so ~that /such ~that (너무~해서 그 결과~하다)	if(만약~한다면), unless(만약 ~하지 않는다면), in case(~한 경우에 대비해서), suppose (that)(만약~한다면), as long as(~하는 한), provided(=providing)(만약~한다면) 등	though /although /even if /even though (비록~라 할지라도), while /whereas(반면에), whether ~or not(~인지 아닌지), no matter +의문사(~일지라도) 등

❶ **시간의 부사절을 이끄는 접속사**

- When I found him, I started to shout.
  내가 그를 발견했을 때, 나는 소리치기 시작했다.

- My parents took care of my son while I was on my business trip.
  나는 부모님은 나의 아들을 돌보셨다 /내가 출장 가있는 동안.

- Once you see her, you can't but be fascinated by her charm.
  일단 네가 그녀를 보면, 너는 그녀의 매력에 매혹되지 않을 수 없다.

- The moment I received the test paper, my head went blank.
  나는 시험지를 받자마자, 나의 머리는 하얘졌다.

- As soon as it stops raining, we will leave.
  비가 그치자마자, 우리는 떠날 것이다.

- After the plane circled the airport, it landed on the main runway.
  그 비행기는 공항 주변에 원을 그린 후에, 주 활주로로 착륙했다.

- The children read some stories before they went to bed.
  그 아이들은 몇몇의 이야기를 읽었다 /그들이 자러 가기 전에.

- You will be a totally different person by the time you finish military service.
  너는 완전히 다른 사람이 될 것이다 /네가 군대를 마칠 때까진.

- Every time I visited Korea, I went to N Seoul Tower.
  한국을 방문할 때마다, 나는 N 서울 타워에 갔다.

! Check up

❷ 이유의 부사절을 이끄는 접속사

- We could have a good time because we met a fun boy.
  우리는 좋은 시간은 보낼 수 있었다 왜냐하면 우리는 재미난 소년을 만났기 때문에.

- As I am depressed, I don't want to go out.
  나는 우울해서, 외출하길 원하지 않는다.

- Since there was little water, I couldn't take a bath.
  물이 거의 없어서, 나는 목욕할 수 없었다.

- Now (that) you are here, I can't concentrate on my job.
  네가 여기 있으니까, 나는 나의 일에 집중할 수 없다.

- I am different from her in that she is really lazy.
  나는 그녀와 다르다/ 그녀가 정말 게으르다는 점에서.

❸ 목적의 부사절을 이끄는 접속사

- He saves money so that he can buy his own house.
  그는 돈을 저축한다/그 자신의 집을 살 수 있도록.

- He studied hard lest he (should) fail in the exam.
  그는 열심히 공부했다/ 시험에서 떨어지지 않도록.

- He studied hard for fear (that) he (should) fail in the exam.
  그는 열심히 공부했다/ 시험에 떨어질까 두려워.

❹ 결과의 부사절을 이끄는 접속사

- There is so much delicious food that I can't resist overeating.
  너무 맛있는 음식이 있어서 그 결과 나는 과식하는 것을 저항할 수 없다.

- It was such a big dog that I was afraid of it.
  그것은 너무 큰 개여서 그 결과 나는 그것이 두려웠다.

❺ 조건의 부사절을 이끄는 접속사

- If I come back home earlier, I will do it for you.
  만약 내가 집에 일찍 오면, 내가 너를 위해 그것을 할게.

- Unless he hates you, you can ask him for help.
  만약 그가 너를 싫어하지 않는다면, 너는 그에게 도움을 요청할 수 있어.

- As long as you work hard, you will succeed.
  네가 열심히 일하는 한, 너는 부유해질 거야.

Check up

⑥ 양보의 부사절을 이끄는 접속사

- **Although** he is very rich, he rarely spends money.
  그가 매우 부유할지라도, 그는 좀처럼 돈을 쓰지 않는다.

- **Even though** his plan seems attractive, you should not rely on him.
  비록 그의 계획이 매력적으로 보이나, 너는 그에게 의존해서는 안 된다.

- **While (Whereas)** his sister is pretty, he is not handsome.
  그의 여자형제는 예쁜 반면에 그는 잘생기지 않았다.

- **No matter how** hard you try, you can never gain her heart.
  아무리 열심히 노력하든 간에, 너는 결코 그녀의 마음을 얻을 수 없다.

Exercise 1   다음 보기에서 적절한 접속사를 골라 적으세요. (한 번씩 모두 사용)

┃ 보기 ┃   **since, before, when, while, after, as soon as, every time**

01 _____ he arrived home, he took a shower.

02 He was playing a computer game _____ she was studying in a library.

03 _____ he takes his dogs out for a walk, it rains.

04 He met James _____ his mom gave him a permission.

05 It began to rain _____ she bought an umbrella.

06 _____ I noticed him coming, I was very nervous.

07 She has been donating to poor kids in Africa _____ she watched the movie.

Exercise 2 다음 보기에서 적절한 접속사를 고르고 해석하세요.

01 (Though / Because) he says he can join the soccer team, I think he is not good enough.

02 (Even though / Since) I know the test will be difficult, I will study until very late at night.

03 I was giving him an advice (unless / when) he started to cry.

04 (Although / As long as) you live in the region that seems dangerous, no one will harm you.

05 (If / While) you want more food, please help yourself.

06 (While / As long as) I was playing the piano, the phone rang continuously.

07 (If / Though) you promise to take the offer, I will treat you a dinner.

08 (Before / As long as) you stay inside the house, you will be safe.

09 (When / Even if) I fail the exam, I will not regret it.

10 He bought some vegetables, (although / because) he wanted to lose some weight.

Actual Test

❖ 부사절을 이끄는 접속사 실전 독해 연습

Actual Exercise 1 **다음 문장에 쓰인 부사절을 확인하고 해석하세요.**

01 As soon as I get all the vaccinations, I'll be leaving for a break.

02 Even though he didn't go to college, he is a very knowledgeable man.

03 I am on a tight budget so that I have only fifteen dollars to spend.

04 It was not until when he failed the math test that he decided to study hard.

05 The moment I saw him, I had a feeling that he was the criminal.

06 There can be no true liberty unless there is economic liberty.

07 They were short of water, so that they drank as little as possible.

08 He lowered his voice for fear he should be overheard.

09 Tom made so firm a decision that it was no good trying to persuade him.

10 I'll lend you money provided you pay me back by Saturday.

Actual Exercise 2 다음 문장에 쓰인 부사절을 확인하고 해석하세요.

01 Salmons lay their eggs and die in freshwater although they live in salt water.

02 Whether mistakes were made or things just didn't work out, he had to apologize.

03 It is not until we lose our health that we realize the value of it.

04 Once a child's self-esteem is in place, it kindles further success.

05 He stood up for Kate when she was blamed for the mistake.

06 Fewer than a third of the students finished by the time they had estimated.

07 Such were the country's solutions that they drew international attention to the issue.

08 Even though Tim is your friend, he isn't to be trusted with other people's money.

09 I misplace my keys so often that my secretary carries spare ones for me.

10 The two cultures were so utterly disparate that she found it hard to adapt from one to the other.

disparate
(a) 이질적인, 전혀 다른

Actual Test

Actual Exercise 3   다음 문장에 쓰인 부사절을 확인하고 해석하세요.

01   Reforms enacted in some states have already taken effect, whereas in other states, reforms legislation is shelved.

02   It was so quiet in the room that I could hear the leaves being blown off the trees outside.

03   Sarah frequently hurts others when she criticizes their work because she is so out spoken.

out spoken
(a) 노골적으로 말하는

04   Jennifer's decision to quit her job is both risky and audacious, since the country is in a serious depression.

audacious
(a) 대담한

05   Frescoes are so familiar a feature of Italian churches that they are easy to take for granted.

take for granted
당연시 여기다

06   A number of doctors study hard so that they can keep abreast of all the latest developments in medicines.

keep abreast of
뒤쳐지지 않는다

07   If the ideas of the majority are not strongly held and do not carry much personal or emotional weight, the group will be less closed to new ideas and minority opinions.

08   In recent decades women's participation in waged labour has risen in virtually every country in world as capitalist industrialization has pushed more women to join the workforce.

09   Heat exhaustion is a bit different because it can develop over
      several days as a result of exposure to high temperatures and
      the failure to replace fluids.

heat exhaustion
일사병

10   Before she traveled to Mexico last winter, she needed to brush
      up on her Spanish because she had not practiced it since college.

독해실력 업데이트

■ 쓰임이 다양한 부사절 접속사 as

❶ (just) as ~, so~: 마치 ~하듯이 그렇게 ~하다
❷ 양태 접속사 as: ~처럼
❸ 비례의 접속사 as: ~함에 따라서
❹ 이유의 접속사 as: ~때문에
❺ 시간의 접속사 as: ~할 때

★   전치사 as: ~로써

Actual Test

Actual Exercise 4 다음 문장에 쓰인 접속사 as를 확인하고 해석하세요.

01 People tend to be strict as they got old.

02 A strong wind blew my umbrella inside out as I was walking home from school.

03 Poor as she is, she is honest and diligent.

04 As he worked with the unruly elephants, he developed a deep connection with them.

unruly
(a) 다루기 힘든

05 As he draws out the last two eggs, he notices four more in their place.

06 As communities became larger, some people had time to reflect and debate.

07 As he was painting an upstairs bedroom, the young boy watched him curiously for a while.

08 The man grew increasingly excited as he recalled the joy and pride and sense of belonging.

09 Just as faster music causes people to eat faster, so it causes people to drive at faster speeds.

10 The train arrived at my destination ten minutes early, which was perfect, as I was due to present my new idea to the company at 10 a.m.

■ 접속사 종합문제

Exercise 1 다음 문장에서 밑줄 친 접속사의 종류를 구별하고 해석하세요.

01 We all know <u>that</u> she will be a great singer.

02 There are many things in life <u>that</u> science cannot explain.

03 The man noticed a girl <u>whose</u> father is his close friend.

04 I cannot tell you exactly <u>when</u> he will start the meeting.

05 He opened a shelter <u>where</u> many homeless people can stay.

06 He drove into an area <u>in which</u> safety is not guaranteed.

07 <u>Whether</u> the weather is cold or not, I will go camping tomorrow.

08 He had an argument with a guy <u>who</u> called him ugly.

09 He told me a story, <u>which</u> I found hard to believe.

10 She forgot <u>which</u> day she was going to meet Chris.

Exercise 1-1 다음 문장에서 밑줄 친 접속사의 종류를 구별하고 해석하세요.

01 <u>Even though</u> he has many Chinese friends, he cannot speak a word in Chinese.

02 <u>Once</u> you overcome your trauma, you will not be so upset.

03 <u>That</u> my children stay healthy is very important to me.

04 John told me <u>where</u> I could buy a fancy car.

05 <u>By the time</u> I finish my work, my father will come to pick me up.

06 <u>Every time</u> he gets hungry, he eats an apple.

07 She wanted to break up with her boyfriend <u>so that</u> she could focus more on her work.

08 <u>Once</u> she takes this medicine, she will not feel the pain.

09 I don't know <u>what</u> he wants for his wedding anniversary.

10 Can you tell me <u>where</u> I can meet him?

Exercise 1-2 다음 문장에서 밑줄 친 접속사의 종류를 구별하고 해석하세요.

01 <u>What</u> I am trying to say is <u>that</u> he seems to be angry with me.

02 The problem for Jake is <u>that</u> he forgot his father's age.

03 <u>As soon as</u> they woke up, they started to cook breakfast.

04 Kate wanted to buy a dress <u>that</u> Jane wore at the party.

05 My son had an old phone <u>that</u> broke over 5 times a day.

06 <u>While</u> I was watching a movie, my cat sat next to me.

07 The store <u>where</u> I buy exotic food was closed yesterday.

08 <u>Now that</u> you are an adult, we will not support you financially.

09 He visited a country <u>where</u> the terrorists had attacked.

10 You should wear this yellow jacket <u>so that</u> I can find you easily.

❖ 접속사 실전 독해연습

Actual Exercise 1 다음 주어진 문장에 어떤 절이 사용되었는지 확인하고 해석하세요.

01 Being punctual is the virtue that everyone has to have.

punctual (a) 시간을 엄수하는

02 Heat stroke occurs when the body loses its ability to regulate its temperature.

heat stroke 열사병

03 I felt so nervous that I couldn't concentrate on my work.

04 Penicillin can have an adverse effect on a person who is allergic to it.

05 The government must clarify who owns what and what a property is worth.

06 My father would not accompany us to the place where they were staying.

07 That a husband understands a wife does not mean they are necessarily compatible.

compatible (a) 양립할 수 있는, 화목한

08 The house which they have lived for 10 years was badly damaged by the storm.

09 Clearly, creating a classroom climate that is accepting, comfortable, and noncompetitive helps.

Actual Test

Actual Exercise 2   다음 주어진 문장에 어떤 절이 사용되었는지 확인하고 해석하세요.

01   When I shopped at the market yesterday, I realized that the prices of many items had risen in recent weeks.

02   Quite often, the simple life feels out of reach because of all the problems and challenges that crop up.

03   What surprised us most was the fact that he said that he had never arrived at work late.

04   What you possess in this world will go to someone else when you die, but your personality will be yours forever.

05   What happens in a particular period does not have any significant effects on the long-term investors in the stock market.

06   Kohlrabi is one of the vegetables many people avoid, mainly because of its odd shape and strange name.

07   The young knight was so incensed at being called a coward that he charged forward with his sword in hand.

Actual Exercise 3 다음 주어진 문장에 어떤 절이 사용되었는지 확인하고 해석하세요.

01   Bringing presents for his children alleviated some of the guilt
     he felt for not spending enough time with them.

02   What really advances science, however, is some new theory
     that ties together a number of observations that previously
     seemed unrelated.

03   Whether or not they dream is another question, which can be
     answered only by posing another on: Do animals have
     consciousness?

04   Americans already lost millions of dollars when the stock market   **nosedive**
     took a nosedive, and that was even before the general financial   (n) 급락, 폭락
     crisis started.

05   One of the most beguiling aspects of cyberspace is that it offers   **anonymity**
     the ability to connect with others in foreign countries while   (n) 익명성
     also providing anonymity.

06   The Netherlands now becomes the only country in the world   **mercy killing**
     to allow the mercy killing of patients, though there are some   안락사
     strict conditions.

                                                                          dominant gene
                                                                          우성 유전자
07   A dominant gene is one that produces a particular characteristic
     regardless of whether a person has only one of these genes from
     one parent, or two of them.

08 When such partly immune people came into contact with others who had had no previous exposure to the germs, epidemics resulted in which up to 99 percent of the previously unexposed population was killed.

◆ 동격

간단히 말해서 **동격**은 문장에 등장하는 명사에 대한 추가설명입니다.

추가설명을 해줄 명사와 <u>동등한 자격</u>을 가지고 있기 때문에 명사 파트에서 배우는 것입니다.

Goree는 Gorin에게 편지를 쓴다.

To Gorin
Gorin~ 나 어제 Tom을 만났는데,

이 상황에서 Gorin이 Tom을 기억 못할 거라고 생각되는 경우

Gorin~ 나 어제 Tom, 나보단 못하지만 꽤 잘생긴 옆집 사는 남자, 을 만났는데····.

Tom = 나보단 못하지만 꽤 잘생긴 옆집 사는 남자

물론 한국어는 이런 식으로 표현하지 않지만,

영어에선 글을 쓸 때 이런 식으로 자주 동격을 많이 이용합니다.

동격은 명사에만 사용되는데 단어, 구, 절 각각을 이용해서 동격을 쓸 수가 있습니다.

위에 예로 든 것은 수식어를 모두 빼면 '남자'만 남으니, **'단어'**에 해당됩니다.

이제 본격적으로 배워보도록 하죠!

1 단어(명사)로 동격표시하기

동격을 표시할 명사 바로 뒤에 쉼표로 구별을 주고, 쉼표 다음에 보충설명해줄 단어를 삽입합니다.

- **Terry, a cook, is very well-known.**
  요리사인 Terry는 매우 유명하다.
- **She, a beautiful girl, doesn't have a good personality. (O)**
  아름다운 소녀인 그녀는 좋은 성격을 가지고 있지 않다.
- **A beautiful girl, she, doesn't have a good personality. (X)**
  (※ 명사와 대명사는 동격이 불가능하지만 대명사와 명사는 동격이 가능하다.)

2 구로 동격 표시하기

'구'로 동격을 표시하는 방법은 **to부정사**와 **of~ing**가 있습니다.

A to부정사 동격

의지가 포함된 명사 다음에 to부정사 동격

➡ ability, attempt, decision, desire, effort, plan, program, resolution, talent, reason, resolution, wish 등

- **His ability** to make others help each other **led our team to win the prize.**
  다른 사람들이 서로를 돕게 만드는 그의 능력은 우리의 팀이 상을 타도록 이끌었다.
- **The reason** to test him **was that they had wanted to know his suitability for the project.**
  그를 시험하는 이유는 그들이 그 프로젝트에 대한 그의 적합성을 알기를 원했기 때문이다.

B of 동명사 동격

단순한 사고나 판단 등의 명사 다음에 of + 동명사

➡ idea, hope, job, means, function, trouble, danger 등

- **I have an idea** of spending summer vacation efficiently.
  나는 여름휴가를 효과적으로 보내는 것에 대한 생각을 가지고 있다.
- **He barely managed to avoid danger** of being killed.
  그는 죽임을 당하는 것에 대한 위험을 가까스로 피하지 못했다.

C to부정사와 of + 동명사 둘 다 동격이 가능한 경우

➡ chance, aim, freedom, way, intention, necessity, responsibility, right, honor, tendency, intention 등

- **I will fight for their freedom** to work at the place which they want.
  = **I will fight for their freedom** of working at the place which they want.
  나는 그들이 원하는 곳에서 일할 자유를 위해 싸울 것이다.
- **He suddenly recognized the responsibility** to support his family.
  = **He suddenly recognized the responsibility** of supporting his family.
  그는 갑자기 그의 가족을 부양해야 한다는 책임감을 인지했다.

FAQ 형용사랑 동격은 뭐가 다른가요?

A: 형용사는 명사를 꾸며주는 것이지만 동격은 명사와 동일시되는 것입니다.

따라서, 동격은 품사로 따지면 같은 **명사**가 되는 것 입니다.

3 절로 동격표시하기

ability /attempt 을 제외한 대부분의 명사 다음에 that 완전절로 동격 표시가 가능합니다.

that절 뒤에 완전절이 나오면 명사절이라고 배웠던 것이 기억나시나요?

그렇다면 that절이 동격으로 쓰이는 것이 문법적으로 왜 맞는지 아시겠죠?

- He failed to understand the reason that people laughed.

  그는 사람들이 웃은 이유를 이해하지 못했다.

- The news that he committed a crime was a shock to his family.

  그가 범죄를 저질렀다는 소식은 그의 가족에게 충격이었다.

Actual Test

Actual Exercise 1 다음 주어진 문장에 어떤 동격의 형태가 사용됐는지 확인하고 해석하세요.

01 Tom, one of my best friends, were born in April 4th, 1985.

02 There is no need to make the final decision today.

03 Surprisingly, she didn't have any objections to make to
the proposal

04 Some had made a special effort to smile and maintain
eye contact.

05 Character is a respect for human beings and the right to
interpret experience differently.

06 The satirist finds in them sufficient flaws to make them the
objects of derision.

07 In the United States, criminal suspects have a right to a speedy
and public trial and to the assistance of a lawyer.

08 There are multiple opportunities each day to become upset
about something, but we have the choice to let them go and
remain at peace.

09 Last year, I had a great opportunity to do this performance with
the staff responsible for putting art events at the theater.

10 A new study by Harvard researchers may provide a compelling
reason to remove canned soup and juice from your dining table.

11 He was the son of a wealthy man who could give him
the advantages of a broad education, the opportunity to see
the greatest exponents of theatre art at home and abroad.

12 Egypt has also reacted coolly to suggestions that European troops
be stationed on the border between Gaza and Egypt to monitor
activity in smugglers' tunnels.

UNIT 4 동사의 주요기능

! Check up

A 시제

▪ 동작이나 상태의 시간적인 관계를 나타내는 것. 문장에서 시간적인 관계를 나타내기 위해서 동사의 형태를 변화시키거나 동사 앞에 조동사를 붙여 시제를 표현한다.

동사의 종류	구간+배경	배경	진행	구간+진행
	미래완료	미래	미래진행	미래완료진행
be 동사	will have been	will be	will be being	will have been being
일반동사 (예 live)	will have lived	will live	will be living	will have been living
	현재완료	현재	현재진행	현재완료진행
be 동사	have /has been	am /are /is	am /are /is being	have /has been being
일반동사 (예 live)	have /has lived	live /lives	am /are /is living	have /has been living
	과거완료	과거	과거진행	과거완료진행
be 동사	had been	was /were	was /were being	had been being
일반동사 (예: live)	had lived	lived	was /were living	had been living

| Tip! |

- **진행**: 동작의 연속, 한 동작이 연속으로 일어남. 한 행위에 집중함
  ex) 철수는 공부를 하고 있는 중이다. (공부하는 행위의 연속)
- **배경**: 주어에 대한 부가적인 설명.
  ex) 철수는 잘생겼다. (배경)
  ex) 철수는 못생긴 표정을 짓고 있는 중이다. (진행)
  ex) 철수는 평소에 피자를 즐겨먹는다. (배경)
  ex) 철수는 지금 피자를 먹고 있는 중이다. (진행)
- **구간**: 어느 한 시점에서 다른 한 시점에 이르기까지 지속되는 배경
  ex) 철수는 3년 전부터 (지금까지) 피아노를 배우고 있다.
  ex) 철수와 민수는 3년 동안 (3년 전부터 지금까지) 친구 사이이다.

Check up

➡ **동사의 기본시제: 현재, 과거, 미래 (배경)**

STEP 1 **현재:** 배경이므로 현재의 사실, 습관, 일반적 사실이나 진리, 격언 등에
현재시제를 사용한다.

◆ 형태
  - be동사: am, are, is
  - 일반동사: 동사원형, 주어가 3인칭 단수일 때 동사원형 + s

- I am a student.
  나는 학생이다.

- I study English every day.
  나는 매일 영어를 공부한다.

- He reads so much.
  그는 독서를 많이 한다.

- Water consists of hydrogen and oxygen.
  물은 수소와 산소로 이루어졌다.

STEP 2 **과거:** 배경이며 과거의 단순 사건을 나열할 때 사용한다.

◆ 형태
  - be동사: was, were
  - 일반동사: 동사의 과거형. 보통 동사에 ed를 붙여서 만든다. (부록의 불규칙 동사 변환표 참조)

- I was a student.
  나는 학생이었다.

- I once studied English every day.
  나는 한때 영어를 매일 공부했다.

- The war broke out in 1653.
  그 전쟁은 1653년에 발발했다.

- Columbus discovered America in 1492.
  콜럼버스는 1492년에 아메리카대륙을 발견했다.

STEP 3 **미래:** 배경이며 의지가 담긴 미래, 막연한 미래 등을 표현할 때 사용한다.

◆ 형태
  - be동사: will be
  - 일반동사: will + 동사원형

- I will pass the exam.
  나는 시험에 통과할거야.

- I will interview the actor someday.
  나는 언젠가 그 배우를 인터뷰할거야.

Exercise 1 다음 주어진 문장들 속 동사의 시제를 밝히고 해석하세요.

01 I will go swimming tomorrow.

02 I sometimes go swimming.

03 I played soccer with my friends yesterday.

04 Bob will not come to school tomorrow.

05 She won the contest last year.

06 I am so happy with my test scores.

Exercise 2 괄호 안에 주어진 단어를 알맞은 형태로 바꿔 빈칸에 넣으세요.

01 I _____ a doctor someday. (be)

02 My family and I _____ to the movies last night. (go)

03 Jane _____ her teeth every day. (brush, 현재)

04 They _____ this building 20 years ago. (build)

05 My brother _____ the country next year. (leave)

06 The library _____ at 10:00 every evening. (close, 현재)

07 My friends _____ me in the hospital last Sunday. (visit)

08 It _____ not so cold last winter. (be)

09 I _____ the Reds were going to win the game. (think)

10 My dad usually _____ up early every morning. (wake)

Exercise 3 다음 주어진 단어를 활용하여 영작하세요.

01 나는 그 영화를 보고 울었다. (after watching, cry, the movie)

→

02 나는 그 영화를 보고 울 것이다.

→

03 나는 매일 운동을 1시간씩 한다. (1 hour, exercise, every day)

→

04 그 강아지는 나에게 짖었다. (bark at)

→

05 우리는 어제 일찍 잤다. (go to sleep)

→

06 그는 외계인의 존재를 믿지 않는다. (not, aliens, believe in the presence of)

→

Check up

■ **미래를 표현하는 여러 가지 방법 1**

❶ **현재시제**: 주로 가까운 미래를 나타내는 부사(구)와 함께 쓰이며 오고(come), 가고(go),
   출발·시작(start, begin, open), 도착·종료(arrive, return, end, finish) 등의 의미를 가진
   동사들과 자주 쓰인다.

- The movie starts at 9p.m.
  그 영화는 9시에 시작할 것이다.

❷ **현재진행시제**: 가까운 미래의 확정적인 일

- My grandparents are coming soon.
  나의 조부모님들께서 곧 오실 것이다.

❸ **be going to**: 가까운 미래의 예측, 예정, 계획을 나타냄

- I'm going to go to Busan this summer.
  나는 이번 여름에 부산에 갈 것이다.

❹ **미래 조동사 will**: 단순미래, 의지미래, 즉석에서 결정된 미래

- I will be an actor.
  나는 배우가 될 것이다.(의지)

- A: We are out of milk!
  우리 우유가 떨어졌어.

  B: I will buy some.
  내가 좀 사올게.(즉석에서 결정)

- A: We are out of milk!
  우리 우유가 떨어졌어.

  B: I know. I am going to buy some.
  알아. 사오려고. (계획된 미래)

Exercise 1   다음 괄호 안에서 문법적으로 옳은 것을 고르세요.

01   The school bus (arrives / has arrived) at 4 p.m.

02   The show (will end / ending) at 7 o'clock later in the evening.

03   I (went / will go) to the health center from now on.

04   She (was reading / will read) her essay to the class tomorrow.

05   I (would have to / am going to) go to the dance party today.

Exercise 2   다음 시제에 유의하면서 해석하세요.

01   A Mr. Kim is looking for you.

     B I know, I am going to call him.

02   A Mr. Kim is looking for you.

     B Oh really? I will call him.

03   A We are out of water!

     B Really? I'll buy some.

04   A What are you doing?

     B I'm going to school.

05   A What are you going to do this weekend?

     B I'm going to go to church.

Check up

■ 미래를 표현하는 여러 가지 방법 2

❶ **be about to 동사원형**: 막 ~하려고 하다
- I'm about to go out with my mom.
  나는 막 엄마와 외출하려고 한다.

❷ **be due to 동사원형**: ~하기로 예정되어있다
- She is due to hand in her essay until tomorrow.
  그녀는 내일까지 에세이를 제출하기로 예정되어있다.

❸ **be to 용법 (미래)**: ~할 예정이다 (좀 더 공식적, 미디어 등에서 사용)
- The Seminar is to be held in March.
  세미나는 3월에 열릴 예정이다.

❹ **be supposed to 동사원형**: ~하기로 되어 있다
- She is supposed to meet him this afternoon.
  그녀는 이번 주 오후에 그를 만나기로 되어 있다.

❺ **be likely to 동사원형**: ~하기 쉽다, ~할 것 같다
- They are likely to adopt the child.
  그들은 그 아이를 입양할 것 같다.

Exercise 1   다음 주어진 문장을 해석하세요.

01   He is supposed to do his homework tonight.

02   My parents are likely to get mad at me for not cleaning my room.

03   John is about to come into the curtain.

04   He is due to deliver a speech to the press tomorrow.

05   I am supposed to meet the boss in person tonight.

06   The man is about to shout at the boy.

07   The birds are likely to come back to the nest.

08   I am due to choose a right person for the job.

09   In a few days, the trade fair is to be held.

10   The baby is about to cry in a minute.

Exercise 2   다음 주어진 단어를 활용하여 해석에 맞게 영작하세요.

01   그는 내일 일찍 일어날 것 같다.
→

02   그녀는 경기를 취소할 것이다. (the match, cancel, going)
→

03   그 노력들이 헛되었다는 것이 막 입증되려 한다. (prove, futile)
→

04   그는 지금 당장 여기에 있기로 되어 있다.
→

Exercise 2-1   다음 주어진 단어를 이용하여 해석에 맞게 영작하세요.

01   그들은 다음 달 신혼여행에 떠날 예정이다. (honeymoon, leave for, going)
→

02   나는 오늘 저녁에 내 남자형제를 공항에 태워 주기로 되어 있다. (give a ride)
→

03   그는 체육관에서 샤워를 할 것이다. (at the gym)
→

04   그녀는 9월에 아이를 낳을 것 같다. (give birth to)
→

Check up

➡ **동사의 진행시제: 현재진행, 과거진행, 미래진행 (진행)**

◆ 기본형태: be (현재, 과거, 미래형) + ing

STEP 4 **현재진행:** 진행이며 현재 한 동작의 연속을 강조하고 싶을 때 사용한다.

◆ 형태 : am/are/is + ing
  · 부정문 : am/are/is not + ing
  · 의문문 : Am/Are/Is 주어 ~ing?

- I am studying English now.
  나는 영어를 지금 공부하고 있는 중이다.

- She is crying loudly.
  그녀는 크게 울고 있는 중이다.

- They are having lunch.
  그들은 점심을 먹고 있는 중이다.

■ **현재진행시제와 현재시제의 비교**

- I study English every day.
  나는 공부를 매일 한다. (지금 당장하고 있는 것이 아닌 사실, 배경에 집중)

- I am studying English now.
  나는 지금 영어를 공부하고 있는 중이다. (지금 당장하고 있다는 진행에 집중)

- He is honest. He never tells a lie.
  그는 정직하다. 그는 결코 거짓말을 하지 않는다. (평소에 정직하다는 배경)

- He is being honest for now. But he usually lies.
  그는 지금은 정직하고 있다. 하지만 그는 보통은 거짓말을 한다. (현재 정직에 몰입하는 진행)

Exercise 1 다음 주어진 문장에 쓰인 진행시제를 이해하며 해석하세요.

01 It is raining so heavily right now.

02 While I was studying, my brother was watching TV.

03 I will be visiting my grandparents when he takes an exam tomorrow.

04 While the elephants are sleeping, we are washing them.

05 We were riding our bikes when it started snowing.

06 When I arrived, the train was already leaving.

■ 현재진행과 현재의 비교

Exercise 1 다음 주어진 문장에서 어법에 맞는 표현을 고르세요.

01 I (look / am looking) for my glasses.

02 He sometimes (runs / is running) for health.

03 She (runs /is running) toward the bus not to be late.

04 It (rains / is raining) when it is cloudy.

05 He sometimes (wakes up / is waking up) earlier than his parents.

06 Tina (enjoys / is enjoying) waking up late every Sunday.

Exercise 1-1 다음 주어진 문장에서 어법에 맞는 표현을 고르세요.

01 Water (evaporates / is evaporating) and becomes a cloud.

02 He (prepares / is preparing) to go out now.

03 You (are always / are always being) late for class.

04 I (am walking / walk) home every day.

05 She (looks / is looking) up to her father.

06 I (don't like / am not liking) to throw away trash on the street.

Exercise 2 **다음 주어진 단어를 이용하여 영작하세요.**

01   그녀는 항상 점심을 늦게 먹는다.

→

02   나는 매일 너에게 편지를 쓴다. (write)

→

03   나는 지금 너에게 편지를 쓰고 있다.

→

04   너는 그 사고의 원인을 모른다. (of the accident)

→

05   그 비누는 끔찍한 냄새가 난다.

→

06   호랑이는 토끼를 사냥하고 있다. (hunt, the rabbit)

→

07   그녀는 매일 10시에 잠든다. (fall, asleep)

→

08   나의 남자 형제는 지금 숙제를 하고 있는 중이다. (do, homework)

→

Check up

STEP 5   **과거진행:** 진행이며 과거의 한 시점에 있었던 동작의 연속을 강조할 때 사용한다.

◆ 형태 : was/were + ing
  · 부정문 : was/were not + ing
  · 의문문 : Was/Were 주어 ~ing?

- When she called him, he was playing the piano.
  그녀가 그에게 전화했을 때, 그는 피아노를 치고 있는 중이었다.
- While he was playing the piano, she called him.
  그가 피아노를 치고 있는 동안, 그녀는 그에게 전화를 했다.
- While she was cooking, her son was sleeping.
  그녀가 요리를 하고 있는 동안, 그녀의 아들은 자고 있는 중이었다.

STEP 6   **미래진행:** 진행이며 미래의 한 시점에 있을 동작의 연속을 강조할 때 사용한다.

◆ 형태 : will be + ing
  · 부정문 : will not be + ing
  · 의문문 : Will 주어 be ~ing?

- When we arrive at the town, it will be raining.
  우리가 마을에 도착할 때쯤, 비가 오고 있을 것이다.
- Around 3 p.m. tomorrow, I will be shopping at the department store.
  내일 세시쯤에, 나는 백화점에서 쇼핑하고 있을 것이다.

* 시간과 조건의 부사절

시간과 조건의 부사절(when, while 등 (시간), if, unless 등 (조건)이 들어간 절)에서는
현재시제로 미래를 대신한다.

- When we ~~will~~ arrive at the town, it will be raining.
  우리가 마을에 도착할 때쯤, 비가 오고 있을 것이다.
- If I ~~will~~ meet him, I will tell him you say hello.
  그를 만나면, 그에게 너의 안부를 전할게.

■ 진행 시제 종합문제

Exercise 1 다음 시제에 유의하면서 해석하세요.

01   I am running to the train station.

02   I was running to the train station because I was late.

03   I will be running to the train station when it starts to rain.

04   She is kind to those who she doesn't know.

05   She is being kind for a bigger allowance.

Exercise 2 다음 주어진 단어를 알맞은 형태로 바꿔서 써넣으세요.
   (기본형과 진행형 둘 다 가능할 시 진행형으로)

01   She _____ right now. (exercise)

02   She _____ every day for her health. (exercise)

03   When it was freezing outside, she _____ to keep warm. (exercise)

04   If I feel that I am too fat, I _____ until I become skinny. (exercise)

05   I _____ my car when the meteor hit. (drive)

06   He _____ in his room when his parents were in an argument. (sleep)

Exercise 2-1 다음 주어진 단어를 알맞은 형태로 바꿔서 써넣으세요.
   (기본형과 진행형 둘 다 가능할 시 진행형으로)

01   While my brother was studying, I _____ a novel. (read)

02   Around 1 p.m. tomorrow, I _____ lunch with the president. (eat)

03   I _____ TV, so do not bother me. (watch)

04   I _____ TV when my parents came home. (watch)

05   My cat _____ whenever I touch his belly. (purr)

06   When you call me tomorrow, I _____ the dishes. (wash)

07   Which soap did you use when you _____ the dishes? (wash)

Exercise 3 다음 주어진 단어를 활용하여 영작하세요.

01 우리가 자고 있는 동안, 밖에는 눈이 내리고 있었다. (snow, outside)
→

02 그녀는 커피를 준비하고 있다. (some coffee)
→

03 나의 엄마가 아픈 동안, 나는 집안일을 하고 있었다. (do household chores)
→

04 우리가 집에서 쉬는 동안, 나의 형은 도서관에서 공부 중이었다. (rest)
→

05 아이들은 지금 놀이터에서 놀고 있다. (playground)
→

Exercise 3-1 다음 주어진 단어를 활용하여 영작하세요.

01 그는 어렸을 때 부모님의 말씀에 늘 따랐다. (obey, all the time)
→

02 내 친구가 집에 왔을 때, 나는 엄마와 말다툼을 하고 있었다. (come to, argue with)
→

03 비가 내리고 있을 때, 나는 산책 하러 나가는 것을 즐긴다. (like to go out to stroll)
→

04 그는 그의 의무를 다하지 않는다. (meet his obligations)
→

05 나는 시험을 위해 공부를 하고 있을 것이다.
→

Check up

➡ **동사의 완료시제: 현재완료, 과거완료, 미래완료**

◆ 기본형태 : have (현재, 과거, 미래형) + p.p.

STEP 7 **현재완료:** 과거부터 현재까지 지속되는 **구간**이며 **배경**이다. 기본 현재시제에 과거 어느 시점부터 시작되는 **구간**이 추가되었다고 보면 된다.

◆ 형태 : have/has + p.p.

· 부정문 : have/has not + p.p.

· 의문문 : Have/Has 주어 p.p.~?

• He has lived in Seoul since 2011.
2011년 이래로, 그는 서울에 살아오고 있다.

• I have studied every day for 3 years.
3년 동안 나는 매일 공부해오고 있다.

• She has been pretty since she had plastic surgery.
성형수술을 받은 이래로 그녀는 예뻐왔다.

Exercise 1 다음 문장들을 시제에 유의하면서 해석하세요.

01 I know the answer.

02 I had known the answer before anyone did.

03 She eats lots of vegetables every day.

04 I use chopsticks though I'm not used to it.

05 I have used chopsticks since I was three years old.

Exercise 2　다음 주어진 빈칸을 현재완료형으로 써서 채우고 해석하세요.

01　The baby _____ to talk. (already, learn)

02　I _____ happy for my parents. (be)

03　It _____ for a whole month. (not, rain)

04　He _____ only one page since last night. (read)

05　Every man _____ in love with a woman. (fall)

06　I'm full. I _____ four meals since breakfast. (eat)

07　He _____ the violin 2 hours every day. (practice)

08　Since fifth grade, I _____ to cook by myself. (learn)

09　I _____ for the choir since I was 12 years old. (sing)

10　The pianist _____ the piano since he was very young. (play)

Check up

■ 현재완료의 추가 용법들

❶ **계속:** 과거부터 지금까지 계속된다. (for, since, 등과 함께)

- He has lived in Seoul since 2011.
  2011년 이래로, 그는 서울에 살아오고 있다.

❷ **경험:** 살면서 ~해본 적이 있다. (ever, never, before, once, twice 등과 함께)

- I have never been to Jeju Island.
  나는 제주도에 가본 적이 없다.

- I have been to New York on business three times.
  나는 뉴욕에 사업차 세 번 가봤다.

❸ **완료:** (이미, 방금, 막) ~해 버렸다. (already, yet, just 등과 함께)

- I have already quit my job.
  나는 방금 내 직장을 그만뒀다.

- They have just arrived at the airport.
  그들은 막 공항에 도착했다.

❹ **결과:** 과거에 종료됐지만 지금까지 영향을 미칠 때

- He has hurt his leg, so he can't walk.
  그는 다리를 다쳐서 (지금까지) 걷지 못한다.

★ **참고**

have(has) been: 가본 적이 있다.

have(has) gone: 가버렸다.

Exercise 1 다음 문장들을 시제에 유의하면서 해석하세요.

01 He has just lost his wallet.

02 Janet has always wanted to become an astronaut.

03 Tim has already forgiven Susan for what she said.

04 Subin has lost her pencil so she writes with a pen.

05 I have helped you with your homework because you asked politely.

06 I have never been to the museum before.

Exercise 2 다음 주어진 빈칸을 현재완료형으로 써서 채우시고 해석해보세요.

01 I _____ on a boat before. (never, ride)

02 He _____ his phone so he can't contact you. (lose)

03 She _____ two celebrities on the same day. (meet)

04 _____ it _____ snowing yet? (stop)

05 I _____ the essay due next week. (already, wrote)

06 I _____ my homework 10 minutes ago. (just, finish)

07 I _____ in tournaments since I was five. (swim)

08 Have you _____ the movie about the three-headed dragon? (ever, see)

09 I _____ thriller movies since 10 years ago. (watch).

10 Jack _____ Europe so far. (never, visit)

▌ 현재완료와 과거의 비교

Exercise 1 다음 주어진 빈칸을 현재완료와 과거 중에서 더 적절한 시제로 채우세요.

01 It _____ since Monday. (rain)

02 Jack _____ to the movies four times last week. (go)

03 Jack _____ at a movie theater, so he could not pick up your phone call. (be)

04 They _____ to make things better when the terrible incident occured. (try)

05 He _____ to bed so late that he couldn't wake up in the morning. (go)

06 Juno _____ a vegetarian since 2003. That is, he still eats only vegetables. (be)

07 Jessica _____ to London in 2001, 2004, and 2010. (go)

08 Jessica _____ to Tokyo a few times in her life. (be)

09 It _____ very hot two days ago. (be)

10 Jake _____ in this apartment since he was five. (live)

Check up

Check up

STEP 8 **과거완료:** 대과거부터 과거까지 지속되는 **구간**이며 **배경**이다.

기본 과거시제에 대과거 어느 시점부터 시작되는 **구간**이 추가되었다고 보면 된다.

◆ 형태 : had + p.p.
  · 부정문 : had not + p.p.
  · 의문문 : Had 주어 p.p.~?

❶ **대과거:** 과거 이전 시제를 대과거라 한다.

구간이 아니고 단순 배경이지만 과거완료시제와 동일한 형태로 쓴다.

• I heard about you because you had been very popular in the school.
  나는 너에 대해 들었다 왜냐하면 네가 학교에서 매우 인기 있었기 때문에.

• Yesterday, I received the present you had sent.
  어제, 나는 네가 보냈었던 선물을 받았다.

• When she came home, she found that she had spent all the money.
  그녀가 집에 왔을 때, 그녀는 모든 돈을 다 써버렸었다는 것을 알았다.

❷ **과거완료 :** 대과거부터 과거까지의 구간

• He finally met her. They hadn't seen each other for ten years.
  그는 마침내 그녀를 만났다. 그들은 (대과거부터 만나기 전까지) 십 년 동안 서로를 봐오지 못했었다.

• I didn't know that she had been there before.
  나는 그녀가 거기에 있어 왔었는지 몰랐다.

• Three years had already passed, but she still heard nothing from her husband.
  삼 년이 이미 지났었지만, 그녀는 여전히 그녀의 남편으로부터 소식을 듣지 못했다.

▌ 현재완료와 과거완료의 비교

Exercise 1 **괄호 안에 주어진 단어의 알맞은 형태를 고르세요.**

01 The wallet that she (had / has) found had 500 dollars in it.

02 I was surprised at the amount that he (had / have) spent on the calculator.

03 I wasn't sure if we (has / had) prepared enough balloons for the party.

04 Kate looked happy because a smile (had / has) come across her face.

05 She (has / had) become an expert in parenting since she had her second child.

06 They (have / had) been very hungry until they ate dinner.

07 The boss (has / had) given all of his employees a bonus since 2011.

08 I was surprised at the way my parents (has / had) reacted.

09 I (had / have) prepared food by myself since I became independent.

10 I explained to parents how I (have / had) not been able to do my homework.

Exercise 1-1 다음 주어진 해석에 맞게 시제에 유의하며 "완료"시제로 빈칸을 채우세요.

01 He _____ the right choice since she consulted him. (take)
그녀가 그에게 조언한 이래로 그는 올바른 선택을 해오고 있다.

02 She _____ her since her sister was ill. (take care of)
그녀는 여자 형제가 아픈 이후로 그녀를 돌봐오고 있다.

03 I _____ my homework when my parents came home. (just, finish)
부모님께서 집에 오셨을 때 난 막 나의 숙제를 마쳤다.

04 My hand was bleeding because my dog _____ me once again. (bite)
나의 개가 나는 또 한번 물었기 때문에 나의 손은 피나고 있었다.

05 She _____ her turtle for 15 years. (raise)
그녀는 거북이를 15년간 키워오고 있다.

06 Chelsea_____ every day since she became healthy again. (dance)
Chelsea는 다시 건강해진 이래로 매일 춤을 춰왔다.

07 He was sorry for what he _____ before. (do)
그는 그가 이전에 행했던 것에 유감스러워웠다.

08 She _____Japanese for 5 years during her time in Japan. (study)
그녀는 일본에서 지낸 5년 동안 일본어를 공부했었다.

09 When I arrived at the station, the last bus _____. (already, leave)
내가 역에 도착했을 때 마지막 버스는 이미 떠났었다.

10 I finally figured out why my daughter _____ her homework. (not, do)
나는 마침내 왜 내 딸이 숙제를 안 했었는지 알게 되었다.

! Check up

STEP 9   **미래완료:** 미래까지 지속되는 **구간**이며 **배경**이다. 기본 미래시제에
현재 어느 시점부터 시작되는 **구간**이 추가되었다고 보면 된다.

◆ 형태 : will have p.p.
· 부정문 : will not have p.p.
· 의문문 : Will 주어 have p.p.~?

- I will have been to Paris twice if I visit it this winter.
  나는 파리에 두 번 간 것이 될 것이다 / 만약 내가 이번 겨울에 방문한다면.

- They will have lived together for ten years next month.
  그들은 다음 달이면 십 년째 함께 살아온 것이 될 것이다.

- Sujin will have cleaned her room by the time you get back home.
  수진은 그녀의 방을 치웠을 것이다 / 네가 돌아올 때쯤.

- She will have come back before you leave home.
  그녀는 집에 돌아올 것이다 / 네가 집을 떠나기 전에.

■ 미래완료시제

Exercise 1   다음 주어진 문장을 분석하고 해석하세요.

01   He will have departed from Paris in an hour.

02   I will have fallen asleep before the chimes sound.

03   My dog will have lived with us for ten years next month.

04   If I watch one more movie, that will be the fifth one this week.

05   By the end of the week, the concert tickets will be sold out.

06   I will have finished my homework by the dinner time.

07   My family will have lived in Korea for 10 years next year.

08   The bears will have already gone into hibernation when the winter comes.

Check up

➡ **동사의 완료진행시제: 현재완료진행, 과거완료진행, 미래완료진행**

◆ 기본형태: have(현재, 과거, 미래형) been + ing

STEP 10 **현재완료진행:** 과거부터 현재까지 지속되는 **구간**이며 **진행**이다.
현재진행시제에 과거 어느 시점부터 시작되는 **구간**이 추가되었다고 보면 된다.

◆ 형태 : have/has been + ing

- He has been studying English for an hour.
  그는 한 시간 전부터 지금 계속 영어를 공부하고 있는 중이다.
- I have been working for SamJung for ten years. (일해 온 것을 강조)
  나는 십 년 전부터 지금 계속 삼정에서 일해오고 있다.

STEP 11 **과거완료진행:** 대과거부터 과거까지 지속되는 **구간**이며 **진행**이다.
과거진행시제에 대과거 어느 시점부터 시작되는 **구간**이 추가되었다고 보면 된다.

◆ 형태 : had been + ing

- I had been studying English for an hour before I took the exam.
  내가 시험을 보기 전 한 시간 동안 영어를 공부했었다.
- The police had been looking for the criminal for three years before they caught him.
  경찰관들은 그 범죄자를 잡기 전 삼 년 동안 그를 찾았었다.

STEP 12 **미래완료진행:** 현재부터 미래까지 지속되는 **구간**이며 **진행**이다.
미래진행시제에 현재 어느 시점부터 시작되는 **구간**이 추가되었다고 보면 된다.

◆ 형태 : will have been + ing

- I will have been studying English for an hour by 8 p.m.
  나는 8시까지 한 시간 동안 영어를 공부할 것이다.
- It will have been raining for a week if it rains until tomorrow.
  내일까지 비가 온다면 그걸로 일주일째 비가 오고 있을 것이다.

▌ 완료 진행 종합 시제 (현재, 과거, 미래)

Exercise 1　다음 괄호 안의 단어를 활용하여 적절한 완료진행시제 문장을 만드세요.

01　I _____ for my boss for 13 years. (work)

02　It _____ since last week. (rain)

03　I _____ of the ocean until last year. (scare)

04　We _____ for you to come home since it became dark. (wait)

05　John _____ at college for 4 years. (study)

06　I won't be free this weekend. I _____ building the barn. (finish)

07　My sister _____ me, so I started exercising intensely. (tease)

Exercise 1-1　다음 괄호 안의 단어를 활용하여 적절한 완료진행시제 문장을 만드세요.

01　I _____ the game when the lights went out. (win)

02　He _____ when the alarm rings. (sleep)

03　Jane _____ since this morning. (jog)

04　It _____ for 3 days from tomorrow. (snow)

05　I _____ care of my baby sister by myself so far. (take)

06　The janitor _____ for 20 years next week. (work)

07　Minsu _____ computer games too much lately. (play)

08　They _____ their homework when the teacher came in. (copy)

■ 완료 시제 총 종합

Exercise 1 다음 주어진 빈칸을 주어진 단어를 활용하여 채우세요. (두 개 가능)

01 _____ you _____ your chores yet? (finish)

02 He practiced swimming harder since he _____ any faster. (get, never)

03 By next year I _____ from high school. (graduate)

04 Since I injured my leg, I _____ taking stairs. (avoid)

05 Since he _____, there was no use saving this cookie. (already, leave)

06 I have already _____ a birthday card for my grandfather. (write)

07 By the time we arrived at the airport, my brother _____. (just, arrive)

08 Tom quit performing the trumpet. He _____ for 10 years. (play)

09 I finally bought the speaker of my dreams. I _____ money for 10 months
to buy it. (save)

10 By the time he arrives, we will all _____ eating our thanksgiving dinner. (finish)

11 The child _____ her eyes out for 2 hours until her mom came to pick
her up. (crying)

12 I _____ the violin for 12 years until now. (play)

13 The bear _____ in the circus for 5 years next month. (perform)

14 The cook _____ his secret ingredient since last night. (work on)

15 Until he finds her, she _____ in the pouring rain. (stand)

❖ 시제 실전 독해연습

Actual Exercise 1 다음 문장에서 괄호 안에 알맞은 표현을 고르고 해석하세요.

01 My father (has worked / will have worked) at the post office for 20 years next week.

02 It was clear that Tim (had gone / goes) through a lot of pain.

03 Since Minsu had visited Japan, he (realized / had realized) that Korea was not the cleanest country in the world.

04 My younger brother (had learned / learned) that it is impolite to burp while eating dinner with the family.

burp (n) 트림하다

05 Two years ago, I (had / has had) a bicycle accident. Ever since then, I (was / have been) taking public transportation.

06 In the winter of 2004, it (snowed / has snowed) more than any other winter before.

07 My mother (is / was) cooking a new recipe while she was watching a soap opera on the TV.

08 Since the Korean War, Korea (grows / grew / has grown) to become the thirteenth largest economy in the world.

09 In 2013, the average earnings of the store (decreased / has decreased) 13% from the previous year.

10 It was stated in the article that human beings (has / had) become too dependent on smart phones.

article (n) 기사, 글

Actual Test

Actual Exercise 2 다음 주어진 문장에서 밑줄 친 시제부분을 특히 유의하며 해석하세요.

01 Cherry buds at Changgyeonggung Palace <u>are about to</u> come out.

02 I <u>was due to</u> present my new idea to the company at 10 a.m.

03 In the summer of 2001, he <u>visited</u> the town to participate in a house-building project.

04 Several years ago, Ken <u>had</u> a car accident. Ever since, he <u>has been</u> in a wheelchair.

05 Sleeping <u>has</u> long <u>been</u> tied to improving memory among humans.

06 Sharks <u>have looked</u> more or less the same for hundreds of millions of years.

07 In 1996, the amount of venture capital <u>fell</u> 53% from the previous year, to $202 million.

08 Two hours from now, the hall <u>will be</u> empty. The concert will <u>have ended.</u>

09 By the time we <u>arrived</u> at the airport, the flight <u>had</u> already <u>taken</u> off.

10 I<u>'d lost</u> my front door key, and I had to smash a window with a brick to get in.

Actual Exercise 3 다음 주어진 문장에서 밑줄 친 시제부분을 특히 유의하며 해석하세요.

01 Over the last years, the British government <u>has</u> consistently <u>spent</u> more money on advertising.

consistently (ad) 끊임없이
advertising (n) 광고

02 I <u>had moved</u> in and out of one apartment to another until I <u>got</u> this one.

03 Since it <u>manufactured</u> its first car in 1955, Korea <u>has grown</u> to be the sixth largest automobile producer in the world.

04 The horse <u>was</u> the same light gray mare that she <u>had seen</u> in her dreams.

light (a) 옅은

05 Up to now, newspaper articles <u>have</u> only <u>dealt</u> with the surface of this tremendously complex issue.

tremendously (ad) 엄청나게

06 Since I <u>arrived</u> in the United States to study, I <u>have noticed</u> that academic success is not important to all Americans.

07 Ms. Sebring learned that the horse <u>was due</u> to be auctioned at the Marana Stockyards soon.

08 All the exhaustion <u>he had been feeling</u> during the race disappeared.

09 It <u>was reported</u> that human and material losses from disasters <u>had increased</u> during the 20th century.

material loss
물질적 손실, 재산피해

10 Kelly <u>was seated</u> in the fifth row, hallway side, even though she <u>had wanted</u> a window seat

hallway side 복도 쪽

Check up

B 조동사

◾ 조동사는 일반동사 앞에 놓여 동사의 의미에 능력, 의무, 추측, 가능, 습관 등의 뜻을 더해준다. 단독으로 동사의 역할은 할 수 없다.

■ 조동사의 특징

- 조동사 뒤에는 반드시 동사원형이 온다. (ex: will do (o), will does (x))
- 조동사가 있는 문장에서 의문문이나 부정문을 만들 때는 조동사 do를 사용하지 않고 자체 조동사를 활용한다. (ex: will not (o), will do not (x))
- 조동사의 과거형이 항상 과거를 의미하는 것은 아니고 현재나 미래의 추측, 가능, 의향을 표현 (희박한 가능성, 정중, 신중함의 표현)

■ 조동사의 종류

현재형	기본의미	과거형
can	할 수 있다	could
may	일지도 모른다	might
will	할 것이다	would
shall	~할까요	should
must	해야만 한다, 임에 틀림없다	
dare	감히~하다	dared
need	필요하다	

Check up

STEP 1 **추측의 조동사:** 가능성의 정도에 따라 쓰이는 조동사가 다르며, 동사의 기본 기능인 부정이나 시제를 표현할 수 있다. 특히 **may의 과거형 might는 과거를 의미하는 것이 아니고 더 약한 추측을 나타낸다. 따라서 과거를 표현하는 방법이 다르다.**
또한 다른 역할과 중복되는 조동사도 있으므로 사용에 주의한다.

현재, 긍정	현재, 부정
• He is **happy.** (100%) 그는 행복하다.	• He is not **happy.** 그는 행복하지 않다.
• He must be **happy.** (약 80-90%) 그는 행복함에 틀림 없다.	• He can't be **happy.** 그는 행복할 리 없다.
• He may be **happy.** (약 60%) 그는 행복할지도 모른다.	• He may not be **happy.** 그는 행복하지 않을 수도 있다.
• He might be **happy.** (약 40%) 그는 행복할지도 모른다.	• He might not be **happy.** 그는 행복하지 않을 수도 있다.

과거, 긍정	과거, 부정
• He was **happy.** 그는 행복했다.	• He was not **happy.** 그는 행복하지 않았다.
• He must have been **happy.** 그는 행복했었음에 틀림없다.	• He can't have been **happy.** 그는 행복했을 리가 없다.
• He may have been **happy.** 그는 행복했을지도 모른다.	• He may not have been **happy.** 그는 행복하지 않았을지도 모른다.
• He might have been **happy.** 그는 행복했을지도 모른다.	• He might not have been **happy.** 그는 행복하지 않았을지도 모른다.

cf. 위에 적힌 %는 이해를 돕기 위한 수단일 뿐 정확한 기준은 아닙니다!

■ 추측의 조동사 부정과 긍정의 의미 파악하기

Exercise 1 다음 괄호 안에서 적절한 단어를 고르세요.

01 If I become hungry, it (may / can't) be lunch time

02 She (must / can't) be in a good mood since she was scolded by her parents this morning.

03 It is such a lovely weekend. People (can't / must) want to go out to the park.

04 He has visited the restaurant every day since it opened. He (can't / must) like it a lot.

05 He slept late last night. He (can't / must) be tired today.

06 Mary (can't / must not) walk normally since she was in a car accident.

07 John loves to sing in front of other people. He (might / must) perform anywhere.

08 Everyone always believes what Bob says. He (can't / must) be an honest person.

09 Tim hasn't eaten anything since breakfast. He (might / must) be hungry by now.

Exercise 1-1 다음 괄호 안에서 적절한 단어를 고르세요.

01 Although he is still playing the computer game, he (must / may not) be late.

02 He played soccer all day. He (must not / must) be tired.

03 She coughs too much. She (might / can't) be ill.

04 He (must / might) be lying to me. He never tells the truth.

05 Jake (must / can't) help me find my wallet because he is my best friend.

06 My mother is yelling at me. She (can't / must) be mad at me.

07 She just woke up 30 minutes ago, so she (must / can't) go to sleep right now.

08 Look at his fantastic muscle. He (can't / must) be working out every day.

09 She (might / can't) be able to buy the bag now because she got a part-time job.

10 You just won the game, Mike! You (can't / must) be so happy!

▌추측의 조동사 과거와 현재의 의미 파악하기

Exercise 1 다음 괄호 안에서 적절한 단어를 고르세요.

01 An old man (may suffer / may have suffered) from heart disease.

02 That old man (may suffer / may have suffered) from heart disease last year.

03 My dad (must be / must have been) angry when I shattered all the plates.

04 The car broke down. It (must be / must have been) overused by its owner.

05 She (may walk / may have walked) her dog. The dog had been indoors for too long.

06 Bob (must exercise / must have exercised) hard lately because he has become skinny.

07 Where is my favorite sweater? My mother (may / can't) have thrown it away just because it seems old.

08 I notice how quiet he is today. Today (may not be / may not have been) his best day.

Exercise 1-1 다음 괄호 안에서 적절한 단어를 고르세요.

01 He looked so excited. He (might have won / might win) the game.

02 He hardly talks to me. He (may hate / may have hated) me.

03 He hardly talked to me when I was in school. He (might hate / might have hated) me.

04 I saw him sneaking into my room alone. He (must be stealing / must have stolen) my wallet.

05 I see him sneaking into my room alone. He (must be stealing / must have stolen) something right now.

06 Although my mom wakes me up in the morning, I (might have missed / may miss) the exam.

07 He is still sleeping in the bed. He (must have played / must play) computer game whole night.

08 I (may lose / may have lost) this game. I didn't have time to practice enough yesterday.

09 I think something is wrong. The proper ingredients (may not / can't) have been used.

Exercise 2 다음 주어진 단어를 활용하여 영작하세요.

01   그는 아팠음에 틀림없다. (지금은 나았지만)

→

02   그는 지금 아픔에 틀림없다.

→

03   그가 풍선을 터뜨렸을 리 없다. (pop the balloon)

→

04   그가 풍선을 터뜨릴 리 없다.

→

05   다음 주가 시험이어서 그가 공부할지도 모른다. (가능성 60%) (have an exam)

→

06   내 친구가 내 선물을 좋아할 지 모르겠다. (가능성 40%)

→

07   그는 그 병원으로 다시 갈 리 없다.

→

Check up

STEP 2 **의무의 조동사:** 기본적으로 '해야만 한다'는 의무의 의미를 나타내며, 동사의 기본 기능인 부정이나 시제를 표현할 수 있다.

현재, 긍정	현재, 부정

• must> have to = ought to>should
  (~해야만 한다)
*여기서 '>' 는 의무의 강도를 나타냄
	• must not, ought not to, should not
	  (해서는 안 된다)
	• don't have to (할 필요가 없다)
	 = don't need to

과거, 긍정	과거, 부정

• had to (했어야 했다)
• should have p.p.
  (했어야 했는데 안 했다)
	• didn't have to
	  (할 필요가 없었다)
	• shouldn't have p.p.
	  (하지 말았어야 했는데 했다)

- In the army, soldiers must always obey a command.
  군대에서 군인들은 명령에 항상 명령에 복종해야 한다.

- Because the store was open, we didn't have to go to another store.
  그 가게가 열었기 때문에, 우리는 다른 가게에 갈 필요가 없었다.

- You must not forget the document. It's very important.
  너는 그 문서를 잊어서는 안 된다. 그것은 매우 중요하다.

- You should have studied more for the test.
  너는 시험을 위해 더 공부를 했어야 했는데.

- There was nobody to help me. I had to do everything by myself.
  나를 도와줄 사람이 아무도 없었다. 나는 혼자서 모든 것을 해야 했다.

- Don't make so much noise. We must not wake your grandparents.
  너무 시끄럽게 하지 마. 우리는 너의 조부모님들을 깨워서는 안 돼.

- If she arrives on time, she will not have to wait.
  만약 그녀가 정시에 온다면, 그녀는 기다릴 필요가 없을 것이다.

- We should not have left early. My mom was so disappointed.
  우리는 일찍 떠나지 말았어야 했는데. 엄마께서 매우 실망하셨어.

Exercise 1 다음 주어진 단어를 활용하여 영작하세요.

01 우리는 점심을 요리할 필요가 없다.

→

02 우리가 점심을 요리 했어야 했다.

→

03 그녀는 밤을 새지 말았어야 했는데. (stay up all night)

→

04 나는 일찍 도착했어야 했는데. (arrive)

→

05 나는 다음 주까지 책을 다 읽어야 해. (finish, by)

→

06 너는 신발을 신어서는 안 된다 집에서. (wear, inside)

→

07 너는 설거지를 할 필요가 없었는데. (do the dishes)

→

Exercise 2   다음 주어진 단어를 활용하여 영작하세요.

01   그는 그녀에게 전화해서는 안 된다.

→

02   너는 우리와 휴가 갈 필요가 없다. (go on vacation)

→

03   너는 그 조각상을 깨부숴야만 한다. (the statue)

→

04   나는 설거지를 했어야 했는데 (못했다).

→

05   그는 초콜릿을 먹지 않았어야 했는데 (먹었다).

→

06   너는 아픈 척 할 필요가 없었는데 (했다). (pretend)

→

07   나는 그의 질문에 대답했어야 했다. (answer, question)

→

Check up

STEP 3 had better과 would rather

❶ **had better 동사원형**: ~하는 게 더 낫다. (경고성 충고)

- You had better carry a handgun in this district.
  너는 이 구역에서는 권총을 소지하는 것이 더 낫다.
- You had better stay home tonight.
  너는 오늘밤 집에서 머무르는 것이 더 낫다.

❷ **would rather 동사원형 (than)**: 차라리 ~하겠다

- I would rather keep money in my pocket.
  나는 차라리 주머니에다 돈을 가지고 있겠다.
- I would rather study than do nothing.
  나는 아무것도 안 하느니 차라리 공부하겠다.

❸ **may / might as well 동사원형 (as)**: (다른 더 좋은 방법이 없으니) ~을 하겠다.

- I may(might) as well study in the library because it is noisy at home.
  나는 집이 시끄럽기 때문에 도서관에서 공부하겠다.
- I may(might) as well help her to do the dishes.
  나는 그녀가 설거지하는 것을 돕겠다.
- There is nobody at school today. You may(might) as well go home.
  오늘 학교에 아무도 없다. 너는 집에 가는 것이 낫겠다.

★ 과거형을 원할 땐 뒤에 have p.p를 붙여서 사용.

★ may(might) well 동사원형: ~하는 것은 당연하다

Exercise 1 다음 주어진 단어를 활용하여 영작하세요.

01 우리는 오늘 만나지 않는 것이 더 낫겠다.

→

02 나는 자전거를 타느니 차라리 지하철을 타겠다.

→

03 나는 나가서 추워하느니 차라리 집에 있겠다. (stay cold)

→

04 우리는 차라리 식당에 가서 밥을 먹겠다. (have meal)

→

05 너는 숙제를 서둘러서 하는 것이 더 낫겠다. (hastily)

→

Check up

STEP 4   **used 시리즈**

❶ used to 동사원형: ~하곤 했다 (과거의 규칙적 습관, 불규칙은 would사용)

- I used to go swimming every Saturday.
  나는 토요일마다 수영하러 가곤 했다.

- He used to have a motorcycle, but he sold it yesterday.
  그는 오토바이를 가졌었다 하지만 그것을 어제 팔았다.

❷ be used to 동사원형: ~하기 위해 사용되다

- The machine is used to help people.
  그 기계는 사람들을 돕기 위해 사용된다.

- A blender is used to turn fruit or vegetables into liquid.
  블렌더는 과일이나 야채를 액체로 바꾸기 위해 사용된다.

❸ be used to 명사 /동명사(ing): ~에 익숙하다 (=be accustomed to 명사 /동명사)

- I'm used to meeting new people.
  나는 새로운 사람들을 만나는데 익숙하다.

- The American is used to Korean culture.
  그 미국인은 한국 문화에 익숙하다.

Exercise 1   다음 괄호 안에서 문법에 맞는 표현을 고르세요.

01   The foreigner was used to (bow / bowing) to Asian people.

02   She is used to (eat / eating) quickly.

03   A saw (is used to / used to) cut tree branches.

04   There (is used to / used to) be a farm in the back yard.

05   He (is used to / used to) follow his older brother everywhere.

Exercise 2 다음 주어진 단어를 활용하여 영작하세요.

01   그는 그의 어머니를 실망시켜 드리곤 했다. (disappoint)

→

02   망원경은 멀리 보기 위해서 사용된다. (telescopes, far distances)

→

03   나는 차 안에서 자는 것에 익숙하다.

→

04   나는 주말마다 영화를 보곤 했었다. (movies)

→

05   그녀는 점심 도시락을 준비하는 것에 익숙하다. (prepare a lunch box)

→

◆ Should의 특별 용법

A 이성적 판단의 형용사 또는 주장, 명령, 제안 동사 뒤에

that + 주어 + (should) + 동사원형이 오며 should는 생략 가능

특별용법이라고는 했지만 사실 특별할 것도 없습니다.
주장이나, 제안, 충고 같은 단어는 앞서 배운 의무의 조동사 should와 써야겠지요?
'~해야 한다고 주장했다, 제안했다, 충고했다'로 연결이 되니깐요.
그러다보니 should의 사용이 당연해지니 언어의 경제성의 원리에 의해 생략되곤 하는 것이랍니다.
먼저 예문을 보여드리고, 이해가 선행되어야할 주장, 명령, 제안 단어들을 표로 정리해드리겠습니다.

- He insisted that she (should) quit her job for a better salary.
  그는 그녀가 더 나은 봉급을 위해 직장을 그만둬야 한다고 주장했다.
- It is imperative that children (should) live with their parents.
  아이들이 부모님들과 함께 살아야 하는 것은 필수적이다.
- It was her suggestion that we all (should) deny having committed the crime.
  우리 모두가 그 범죄를 저질렀다는 것을 부인해야 한다는 것은 그녀의 제안이었다.

■ 이성적 판단 /주장, 명령, 제안을 나타내는 단어

동사	주장하다 요구하다 충고하다 제안하다	insist, urge 등 demand, request, require, ask 등 advise, recommend 등 suggest, propose, move 등
형용사	필수적인 긴급한 바람직한 적절한	necessary, essential, vital, imperative 등 urgent 등 advisable, desirable 등 important, natural, proper 등
명사		suggestion(제안), requirement(필요조건), recommendation(추천), order(명령), request(요청), instruction(지시) 등

■ 표에 있는 단어지만 (should)가 사용되지 않는 경우

같은 단어여도 한 뜻만 가지고 있는 것은 아니죠?

따라서 문장에서 주장, 명령, 제안의 의미로 쓰이지 않았다면 should와 쓸 이유가 없을 것입니다.

insist가 '사실을 주장'할 때나 suggest가 '암시하다'의 뜻일 때 이에 해당됩니다.

- He **insisted** that he **handed** in his report. (사실을 주장, 과거에 그랬다는 얘기)

  그는 과제를 냈다고 우겼다.

- The **report** suggests that women **like** chocolate more than men. (암시하다의 의미)

  그 보고서는 여자들이 남자들보다 더 초콜릿을 더 좋아한다는 것은 암시한다.

- Her action **suggests** that she **hates** me. (암시하다의 의미)

  그녀의 행동은 그가 나를 싫어한다는 것을 암시한다.

B 놀라움 유감을 나타내는 형용사와 함께

마찬가지의 이유입니다. 이 형용사들은 조동사 should와 아주 잘 어울리죠!

'It is 형용사 that + 주어 + should + 동사원형'의 구문을 이룹니다.

(이때의 should는 생략하지 않는다)

■ 놀라움 유감을 나타내는 형용사

▶ strange, wonderful, curious, surprising, regrettable 등

- It is **strange** that he **should decide** to quit smoking.

  그가 담배를 끊기로 결정했다는 것은 이상하다.

- It is **regrettable** that he **should continue** to work with such a meager salary.

  그가 그런 별 볼일 없는 보수로 일을 계속한다는 것은 유감이다

❖ 조동사 실전 독해연습

Actual Exercise 1   다음 주어진 문장을 분석하고 해석하세요.

01   I would rather starve than eat vegetables.   starve (v)굶다

02   I didn't know that you used to be a soccer player.

03   Winter used to be warmer in the past.

04   Many people are used to wearing mufflers in the winter.   muffler (n) 목도리

05   You should leave now although you may want to stay longer.

06   You don't have to wear a jacket in the summer.

07   If you leave later, you might have to take the next train.

08   My mom always tells me that I should not come home later than 10 o'clock.

09   The blankets were used to insulate the inside of the tent.   insulate (v) 단열하다

10   Not many people know that the tree used to be found only in Korea.

11   You've probably experienced loss although you may not have understood it.   loss (n) 상실

Actual Test

Actual Exercise 2 다음 주어진 문장을 분석하고 해석하세요.

01 Thousands of dolphins used to be killed in tuna fishing nets.

02 You don't have to be licensed in this state to carry a handgun.

license
(v) 면허를 따다

03 Most working people are used to setting and pursuing performance goals.

04 They think that many ideas and decisions may well improve as time goes by.

as time goes by
시간이 지나면서

05 Although a child felt fear in a cave, a powerful torch could have shown him the limits of the cave.

torch (n) 횃불

06 These nymphs should have taken a further two years to emerge as adults, but in fact they took just one year.

nymph (n) 애벌레

07 You will never have to run for a plane or miss an appointment again.

08 My brother may have been elsewhere so he didn't experience the fear.

09 You might well be attracted to a more outgoing person.

10 I must work harder to make up for the results of my last term examination.

Actual Exercise 3   다음 주어진 문장을 분석하고 해석하세요.

01   I'm used to waiting until the last minute and staying up all night.

02   She demanded that he share the profits with the employees.

03   He would much rather make a compromise than fight with his fists.

        compromise (n)타협

04   We had nothing to eat left in the refrigerator, so we had to eat out last night.

05   Because the previous owner might have used it improperly, the microwave may need to be fixed.

06   Nutritionists recommended that everyone eat from three to five servings of vegetables a day.

07   Walking through the halls of some schools used to be like attending a fashion show.

08   Though women may not have been taken seriously in the early stages, these days they achieve good results in surf contests.

09   Her mom worried that Lydia would* arrive at school with cold, wet feet, but she would* not change her mind.

*would (부정어와) 좀 처럼 ~하지 않았다. will이 의지와 관련된 종동사인 만큼, 고집의 뜻이 있다.

10 He suggested that the new policy be implemented for all workers.

implement
(v)시행하다, 이행하다

11 He was getting accustomed to using his left hand after the accident.

12 Those who want medical assistance to die must have undergone unbearable suffering.

13 Even before Mr. Kay announced his movement to another company, the manager insisted that we begin advertising for a new accountant.

Check up

C 수동태

◾ 문장의 주어가 행위를 능동적으로 하는 것이 아닌 동작의 영향을 받거나 당하는 것을 수동태라고 한다. 능동태 문장을 수동태를 전환할 경우 본래 목적어에 있던 명사가 주어가 된다.따라서 목적어가 있는 3,4,5형식만 전환이 가능하다.

STEP 1 형식별 수동태

❶ 3형식의 수동태

- 기본 형태: **주어 + be p.p. + (by 행위자)** ➡ 1형식이 된다!

- **The room** is cleaned **by her.** (현재, 수동)
  그 방은 그녀에 의해 치워진다.

- **The window** was broken **by the kids.** (과거, 수동)
  그 창문은 아이들에 의해 깨졌다.

Exercise 1 다음 주어진 문장을 수동태 문장으로 바꾸세요.

01   She writes a poem.

→

02   She wrote a poem.

→

03   She will write a poem.

→

04   My father built our house.

→

05   Bob broke a window.

→

06   They broke old things.

→

07   I cleaned my room yesterday.

→

❷ **4형식의 수동태:** 원칙적으로 4형식 문장은 목적어를 2개 가지기 때문에 각각의 목적어가 주어로 오는 수동태 문장이 2개씩 만들어질 수 있다. 하지만 어색한 경우는 사용하지 않는다.

기본 형태①	**주어(원래 간·목) + be p.p. + 직접목적어 (by 행위자)**
기본 형태②	**주어(원래 직·목) + be p.p. + [전치사] + 간접목적어 (by 행위자)**

→ 3형식이 된다!

· I asked ①her ②a personal question.

→ ① <u>She</u> was asked a personal question by me.

→ ② <u>A personal question</u> was asked of her by me.

★ **직접목적어가 주어가 되는 경우 전치사가 필요하다.**

전치사 선택 방법: 4형식 문장을 3형식으로 바꿀 때 쓰는 전치사를 써준다.

전치사 to를 필요로 하는 동사	give, lend, send, show, teach, write 등
전치사 for을 필요로 하는 동사	buy, make, get, cook, build, find, do 등
전치사 of를 필요로 하는 동사	ask 등

• A gift <u>was given</u> to me by my father.

　선물 하나가 나의 아버지에 의해서 나에게 주어졌다.

• The desk <u>was made</u> for me by my father.

　나는 선물 하나가 아버지에 의해서 주어졌다

■ **직접목적어만 수동태의 주어가 되는 동사**

buy, find, bring, make, write 등

위의 동사들의 간목이 주어로 온다면:

I was bought~ (나는 사졌다~)

I was brought~ (나는 가져와 졌다)

I was cooked~(나는 요리되었다~) 등 **매.우.어.색** 따라서 사용안함.

• French fries were made for me by my mom.

　감자튀김은 나에게(나를 위해) 엄마에 의해서 만들어졌다.

• The toys were bought for my sister by her grandmother.

　장난감들은 내 여자형제에게(여자형제를 위해) 그녀의 외할머니에 의해서 구매됐다.

Exercise 1   다음 주어진 문장을 수동태 문장으로 바꿔 쓰세요.

01   My mother taught me piano.

→

→

02   I gave my brother a birthday present.

→

→

03   My teacher asked him a question.

→

→

04   He told his parents a lie.

→

→

05   She offered me a cup of coffee.

→

→

06   My friend showed me his new cell phone.

→

→

Check up

❸ 5형식의 수동태

- 기본 형태: **주어 + be p.p. + 목적보어 + (by 행위자)**

- The parents named the baby Guillaume.
  - → The baby was named Guillaume by the parents.

    그 아기는 부모님들에 의해서 Guillaume이라고 이름 붙여졌다.
- He found his wife sick.
  - → His wife was found sick by him.

    그의 아내는 그에 의해서 아프다는 것이 발견되었다.

❹ 준동사를 포함한 문장의 수동태

■ **to부정사나 동명사, 분사가 사용된 경우는 그대로 사용합니다.**

- He allowed me to go out.
  - → I was allowed to go out by him.

    나는 그에 의해서 외출하는 것이 허락되었다.

- The dentist let my tooth pulled.
  - → My tooth let pulled by the dentist.

    나의 이는 그 치과의사에 의해서 뽑혀지게 되었다.

■ **원형부정사가 사용된 경우는 to부정사로 바꾸어 사용합니다.**

- I made him study.
  - → He was made to study by me.

    그는 나에 의해 공부하게 됐다.

Exercise 1 다음 주어진 문장을 수동태 문장으로 바꿔 쓰세요.

01   The movie will make you sad.

→

02   I named the dog Toto.

→

03   They found the treasure chest stolen.

→

04   The witness considered the car accident a matter of triviality.

→

05   The captain ordered the soldiers to crawl.

→

06   The painter made the painting a masterpiece.

→

07   The nurse saw the patient stand up.

→

08   I watch children whine every day.

→

Check up

⑤ 자동사 + 전치사의 수동태: 자동사와 전치사를 한 타동사로 취급하여 수동태를 만들 수 있다.

- She was bored with her job.
  그녀는 그녀의 직업이 지루했다.
- I am always concerned about my mother's health.
  나는 항상 나의 어머니의 건강을 걱정한다.
- My son was exposed to a horrible danger.
  나의 아들은 끔찍한 위험에 노출됐었다.

⑥ by 이외의 전치사를 사용하는 수동태

be interested in	~에 흥미가 있다	be tired of	~에 싫증나다
be involved in	~에 관련되다, 연루되다	be tired from	~때문에 지치다
be covered with (in)	~로 덮여 있다	be known to	~에게 알려지다
be filled with (of)	~로 가득 차다	be known as	~로서 유명하다
be pleased with	~로 기뻐하다	be known for	~로 유명하다
be satisfied with	~에 만족하다	be made of	~로 만들어지다 (물리적 변화)
be disappointed with (at)	~에 실망하다	be made from	~로 만들어지다 (화학적 변화)
be surprised at	~에 놀라다	be made in	~에서 만들어지다
be worried about	~을 걱정하다		

▌ **자동사 + 전치사의 수동태**

Exercise 1 다음 주어진 문장을 수동태로 바꿔 쓰세요.

01 The nanny takes care of a rich family's son.

→

02 The running bus ran over a pedestrian on the street.

→

03 He can set off the bomb at any time.

→

04 His wife locked up the jewels in a safe.

→

05 We put off our plans to go on a fishing trip.

→

Exercise 2 밑줄 친 부분을 어법에 맞게 고치고 해석하세요.

01 The bank was rob by three men.

02 The parking lot was filling with cars.

03 The bowl emptied by me just now.

04 Any dance can be perform by her.

05 Students at school must dressed in uniforms.

06 I was excuse to go to my room.

07 The policeman forced to shoot the suspect.

08 Harsh weather is cause by temperature rising.

09 They were prepare to take the test.

10 The project was finish by the scientists.

! Check up

시제별 수동태: 동사는 태 뿐만 아니라 동시에 시제도 표현이 가능하다.
따라서 수동태면서 다양한 시제와 결합하여 표현할 수 있다.

	능동태	수동태
현재	• He studies French. 나는 프랑스어를 공부한다.	• French is studied by him. 프랑스어는 그에 의해 공부된다.
과거	• He studied French. 나는 프랑스어를 공부했다.	• French was studied by him. 프랑스어는 그에 의해 공부되었다.
미래	• He will study French. 나는 프랑스어를 공부할 것이다.	• French will be studied by him. 프랑스어는 그에 의해 공부될 것이다.
현재완료	• He has studied French. 그는 프랑스어를 공부해오고 있다.	• French has been studied by him. 프랑스어는 그에 의해 공부 되어 온다.
과거완료	• He had studied French. 그는 프랑스어를 공부했었다. (과거 이전에)	• French had been studied by him. 프랑스어는 그에 의해 공부되었었다. (과거 이전에)
미래완료	• He will have studied French. 그는 프랑스어를 공부해오고 있을 것이다.	• French will have been studied by him. 프랑스어는 그에 의해 공부돼오고 있을 것이다.
과거진행	• He was studying French. 그는 프랑스어를 공부하고 있었다.	• French was being studied by him. 프랑스어는 그에 의해 공부되고 있던 중이다.
현재진행	• He is studying French. 그는 프랑스어를 공부하고 있다.	• French is being studied by him. 프랑스어는 그에 의해 공부되고 있는 중이다.

Exercise 1   다음 주어진 문장에서 요구하는 시제의 수동태 문장으로 바꾸세요.

01   She wears a dress.
→ _____ . (과거)
→ _____ . (과거 진행)

02   They will complete their mission.
→ _____ . (현재)
→ _____ . (현재 완료)

03   He taught Japanese.
→ _____ . (미래)
→ _____ . (미래 완료)

Exercise 1-1   다음 주어진 문장에서 요구하는 시제의 수동태 문장으로 바꾸세요.

01   The company builds a tower.
→ _____ . (과거)
→ _____ . (미래)

02   The bees left the hive.
→ _____ . (현재 완료)
→ _____ . (과거 진행)

03   He uses a paintbrush.
→ _____ . (미래 완료)
→ _____ . (현재 완료)

Exercise 2 다음 주어진 문장에서 잘못된 부분을 시제와 태에 유의하며 고치세요.

01 My salad was been eaten.

→ _____. (과거 진행)

02 He was gone to the store.

→ _____. (과거)

03 The car has washed by the rain

→ _____. (현재 완료)

04 The mistake corrected by the teacher.

→ _____. (현재)

05 My friends have terrified by the strange noise.

→ _____. (과거)

06 The water has been boiled for more than 20 minutes.

→ _____. (과거)

07 Her parents were made her sad.

→ _____. (과거)

08 The first car invented by Ford in the 19th century.

→ _____. (과거)

09 Her sadness was made disappeared by the funny movie.

→ _____. (과거)

Exercise 3 다음 주어진 빈칸을 주어진 해석에 맞도록 주어진 단어를 활용하여 채워 넣으세요.

01 His decision _____ because there was no more time. (finalize)
그의 결정은 더 이상 시간이 없는 관계로 확정되었다.

02 His sandwich _____ by his pet monkey. (eat)
그의 샌드위치는 그의 애완 원숭이에 의해 먹혔다.

03 Subway stations _____ in several places. (construct)
지하철역들이 다양한 곳에서 건설되고 있다.

04 The ball _____ to me by my grandfather. (give)
그 공은 나의 할아버지에 의해 나에게 주어졌다.

05 The room _____ for 3 months. (clean)
그 방은 3달 동안 한번도 청소되지 않았다.

06 Since 2016 the community center, _____ by the volunteers. (run)
2016년 이후로 그 커뮤니티 센터는 그 자원봉사자들에 의해 운영되어오고 있다.

07 She _____ in Europe for 5 years until last year when she came back to Korea. (study abroad)
그녀가 한국에 돌아왔던 작년까지 그녀는 유럽에서 5년동안 공부했었다.

08 The painkillers _____ to my grandfather after his visit to the hospital last night. (give)
진통제는 할아버지께 지난 밤 병원에 그가 방문한 후에 주어졌다.

09 When I went into the kitchen, the crabs _____ by mom. (cook)
내가 부엌에 들어갔을 때, 그 게들은 엄마에 의해 요리되고 있었다.

10 His soul _____ by her pure love. (captivate)
그의 영혼은 그녀의 순수한 사랑에 의해 사로 잡혀지고 있다.

Actual Test

❖ 수동태 실전 독해연습

Actual Exercise 1 다음 주어진 문장을 분석하고 해석하세요.

01 Heavy scarves are wrapped snugly around their necks.

02 Tomato was borrowed from Mexico and pajamas from India.

03 That magnificent five-century-old palace was constructed by the Korean.

04 Food and clothes were rushed by the government to the flood victims.

05 Top executives are entitled to first class travel.

06 He was seen to come out of the house.

07 The arrangements were agreed on at the meeting last year.

08 Educational problems should be solved upon the agreement of the society members.

09 Females are expected to be more patient and sensitive to other people.

10 The teachers were asked to write down the names of students.

11 Wood is widely acknowledged to be environmentally friendly.

12 Fruits and vegetables are believed to help prevent cancer.

13 Such individuals and institutions are normally respected, admired, or feared by most people.

snugly (ad)포근하게

rush (v)(급히) 수동하다

entitle (v)자격이 있다.

arrangement
(n)합의, 마련, 준비

Actual Exercise 2   다음 주어진 문장을 분석하고 해석하세요.

01   In most part of the world, rabbits have long been valued for their meat and pelts.

      pelt (n) 가죽

02   Though chocolate may be kept in the refrigerator or freezer, it will take on the smells of other foods in time.

      in time   이윽고, 이내

03   His personal integrity and inexhaustible capacity for work contributed to making him a professional artist of the first rank.

      inexhaustible
      (a) 지칠 줄 모르는
      first rank   최상위

04   Among children with asthma, air-pollution reduction was consistently associated with reductions in respiratory symptoms.

      asthma   (n) 천식
      respiratory
      (n) 호흡기

05   Plans to develop an affordable electric sedan have been put on hold, and Sesta is laying off employees.

      put on hold
      (v) 보류, 연기하다

06   The recording of the great history of Western civilization was made possible by the early development of alphabetic writing.

07   In recent decades women's participation in waged labour has risen in virtually every country in the world.

      wage labour
      임금 노동

08   A new study reports that the cleaner air has been accompanied by a significant decrease in childhood lung problems.

      accompany
      (v) 동반하다, 수반하다

09   Many people were taken in by his good-looking face and great manner of talking, so they gave him all their money to invest.

10   Early in the film, the boy/puppet Pinocchio is told that in order to be a "real boy," he must show that he is "brave, truthful, and unselfish."

Actual Test

Actual Exercise 3 다음 괄호 안에서 문법적으로 맞는 것을 고르고 해석하세요.

01   In ancient times, the Sun (was / had) widely believed to be
      the supreme deity.

02   The cabbages were not yet for sale, as I knew they (were grown /
      grew) for only two weeks.

03   She (was reminded / has reminded) to do her homework
      before dinner.

04   Salt (had / had been) used in ancient times to preserve food for
      a long time.

05   At next week's city festival, citizens will (give /be given) a special
      speech by the city mayor.

06   The observation of deep space (was making / was made) possible
      by the invention of the Hubble Telescope.

07   You should take more responsibility and be interested in your
      fellow students now that you have been (voting / voted) as
      the student president.

08   A man who (collected /was collected) rare coins found out that
      many of his coins were imitations.

09   Exercising every day (believed / is believed) to be the best way of
      maintaining good health.

deity
(n) 신

10　The Earth (originally thought /was originally thought) to be flat until the ancient Greek mathematician Eratosthenes proved it was round by using only a stick.

11　If a wild animal (find / is found) in the city, it should (be report / be reported) to local authorities for proper managing.

Actual Test

Actual Exercise 4 다음 괄호 안에서 문법적으로 맞는 것을 고르고 해석하세요.

01 When I was in school, there were many things that (demanded / were demanded) my time and energy.

02 The omelet cannot be fresh, as I know the eggs (were lain / were laid)* at least three weeks ago.

03 Honey (was / has been) used since very ancient times, because it was the only way early man could get sugar.

04 According to the law, if someone (accuse /is accused) of a crime, he (considers / is considered) innocent until the court proves that the person is guilty.

05 During tomorrow's ceremony, a group of war veterans will (pay / be paid) respect by attendees for their sacrifices.

veteran (n) 퇴역군인

06 A company that (sent / was sent) inflated bills to its customers has admitted violating federal law.

inflated (a) 부푼

federal law (n) 연방법

07 It is a good time to ask questions about salary, benefits, and paid vacation now that you have been (offering / offered) the position by the ceremony.

08 By the end of the Roman Imperium, Italy (has been stripped / has stripped / had been stripped) of forest cover.

strip (v)벗기다

09 He (had been put / had been putted / had been putting) off doing
his chemistry report which was due on Monday.

10 Cattle (have domesticated / were domesticated) both for meat
and skin and as work animals for agriculture.

11 For decades, child-rearing advice from experts had (encouraged /
been encouraged) the night time separation of baby from parents.

12 The rescue of five children after an earthquake (later called /
was later called) a miracle considering that hundreds of other
innocent children were killed in the same disaster.

innocent
(a)무고한, 결백한

5 2단계: 준동사 심화학습

A 남아있는 동사의 기능
B 준동사 관용표현

준동사 심화학습이란?

준동사란 원래는 동사였지만 지금은 동사가 아닌(즉 명사, 형용사, 부사)의 역할을 하는 것이라고 정의했습니다.
to를 붙이거나, ing를 붙이는 등 약간의 형태를 바꾼 후 (문장의 본동사와 구별 짓기 위해)
명사처럼 주어, 목적어, 보어자리에 들어가거나, 형용사처럼 명사를 꾸미거나 합니다.
여기까진 우리가 앞에서 이해했는데!!

한 가지를 더 추가를 해야 합니다.

준동사는 원래 동사였기 때문에 동사의 기능이 남아있는 것입니다!!

◆ 남아있는 동사의 기능

1. 부정을 표현할 수 있다.

2. 시제를 표현할 수 있다.

3. 태를 표현할 수 있다.

4. 동사 앞에 주어가 온다.

5. 동사의 종류에 따라 동사 뒤에 보어나 목적어가 올 수 있다.

준동사에도 이런 동사의 기능을 쓸 수 있다는 것을 준동사 심화학습에서 배울 것입니다.

◆ 빈번하게 쓰이는 의미상의 주어

Best 문법 2 #35

'**사역동사**에는 동사원형!' 이런 표현 많이 들어보셨을 것입니다.
이것만 제대로 이해해도 많은 문제들을 풀어내고 해석할 수 있답니다.

제대로 접근하는 저만의 비법! 알려드릴게요~~~! 호호호호 👀

이 문장을 보세요
I had him clean the room.

많이 본 구조 아닌가요?

이 문장에서 had가 본동사입니다.
그렇다면 준동사도 아닌 동사의 형태로 떡 하니 있는 **clean의 정체**는 무엇일까요?

자, 이렇게 하는 것입니다.
had를 본동사로 넣고 him에다가 작은 주어(s)표시를 하고 clean에다가는 작은 동사(v) 표시를 해보세요.

그리고 확인을 했을 때 '**그가 청소하다**'로 해석이 되니깐 주어, 동사의 관계는 맞죠?
하지만 이 문장에서 본주어와 본동사가 아니기 때문에 작은 주어, 작은 동사로 표시한 것입니다.

여기까지 이해한 상황에서 본동사를 3가지 경우로 분류를 합니다.

1 사역동사 (let, have, make)
2 지각동사 (watch, hear, feel 등)
3 그 외

사역동사는 3개 밖에 없고요, **지각동사**는 물론 너무 많아서 다 외울 순 없지만 지각동사의 정의대로 '감각기관을 통해 지각하는 것'과 관련된 단어는 다 외우지 않아도 구별할 수 있을 것입니다. 예를 들어, 보다, 눈을 통해 지각하니깐 지각동사가 맞습니다. 느끼다, 피부를 통해 지각하니깐 지각동사가 맞습니다.
관찰하단 뜻의 observe는 어떨까요? 역시 눈을 통해 지각하니깐 지각동사가 맞겠지요???
이렇게 찾아내시면 됩니다.

그래서 **본동사가 사역동사일 경우 작은 동사에 동사원형**이 옵니다. 또한 지각동사일 경우는 동사원형이나 동사+ing 중에 내가 쓰고 싶은 것 씁니다. 그리고 사역동사도 아니고 지각동사도 아닌 경우는 **to부정사로 찍습니다!** 이렇게 찍으면 정답 확률은?? 85%정도 되는데 나머지 15%는 나올 때마다 구별해서 외워주면 됩니다.

① She saw a girl (cry / to cry) in the street.
② They encouraged me (apply / to apply) to the company.

자, ① 본동사 saw가 지각동사이므로 동사원형이나 ing가 올 수 있는데 보기에 동사원형밖에 없어서 동사원형이 정답이 되겠네요. ②은 encouraged(격려하다)가 사역동사도 아니고 지각동사도 아니니깐 to apply가 정답이 됩니다!

할만하신가요? 여기서 끝이 아닙니다....(괜히 자주 나오는 게 아니 였어. ㅠ.ㅠ)

작은 주어와 작은 동사를 좀 더 활용해야 하지 않겠습니까!!

꼭 작은 주어와 작은 동사를 표시하고 주어동사처럼 해석되는지 확인하고 적용해야 합니다.
그렇지 않으면 …

I made a chair to give my brother.

이 문장을 보고 '**이거 사역동산데 뒤에 to동사원형이 왔어! 이건 틀린 문장이야!**'라고 생각할 수 있기 때문입니다. 하지만 이렇게 두고 보면 '의자가 준다'는 것은 어색하기 때문에 아까 배운 구조가 아니라는 것을 쉽게 눈치채고 다른 식으로 접근할 수 있겠죠.

저 문장은 나는 의자 하나를 만들었다고 문장이 종료된 후 내 남자형제에게 주기 위해서라고 to부정사의 부사적 용법을 사용한 구조입니다.

또 2번째 이유는 작은 주어와 작은 동사의 관계가 수동일 경우 본동사와 상관없이 무조건!!
작은 동사에 수동의 형태인 p.p.를 써줘야 합니다. 예문보시죠

I let my tooth pull.

여기서 나의 이빨이 뽑혀진다는 수동이므로 사역동사라 해도 pull을 쓰는 것이 아니라
p.p.형인 **pulled**를 써줘야 합니다.

자 이제 문제를 풀러 갑시다 GOGO!

UNIT

5 2단계: 준동사 심화학습

Check up

A 남아있는 동사의 기능

STEP 1 빈번하게 쓰이는 의미상의 주어

❶ **본동사가 사역동사일 때** (make, have, let)

의미상의 주어 뒤에 <u>동사원형</u>이 온다.

• The policeman had him <u>confess</u> everything about the crime.

그 경찰관은 그가 그 범죄에 대해서 고백하게 했다.

❷ **본동사가 지각동사일 때** (hear, watch, see, notice, feel 등)

의미상의 주어 뒤에 <u>동사원형</u>이나 <u>동명사</u>가 온다.

• I sometimes watch her <u>play(playing)</u> the piano.

나는 때때로 그녀가 피아노를 치는 것을 본다.

❸ **본동사가 그 외의 동사일 때**

의미상의 주어 뒤에 <u>to부정사</u>가 온다.

• The teacher allowed the students <u>to go</u> to the restroom in class.

그 선생님은 학생들이 수업 중에 화장실에 가는 것을 허락했다.

❹ **의미상의 주어와 준동사의 관계가 수동일 때**

본동사와 상관없이 의미상의 주어 뒤에 <u>p.p.형(과거분사)</u>가 온다.

• The policeman had the crime <u>confessed</u> by him.

그는 경찰관은 그 범죄가 그에 의해서 고백되게 했다.

• I sometimes watch the piano <u>played</u>.

나는 때때로 피아노가 연주되어지는 것을 지켜본다.

• He had his hair <u>cut</u> by his sister. (cut-cut-cut)

그는 그의 머리카락이 그의 여자형제에 의해 잘려지게 했다.

★ **예외:** 다수의 예외가 있지만 준사역 help는 꼭 기억하자.

의미상의 주어 뒤에 to부정사나 동사원형이 온다.

• The policeman helped him <u>(to) confess</u> the crime.

그 경찰관은 그가 그 범죄를 고백하도록 도왔다.

Exercise 1   다음 괄호 안에서 어법에 맞는 표현을 고르세요.

01   I feel sorry when I see a man (begged / begging) on the cold streets.

02   His friends wanted John (to invite / inviting) them to his birthday party.

03   Susan witnessed the man (to steal / stealing) a bar of chocolate.

04   My parents expect me (to become / become) a great man someday.

05   People are afraid to have their worst fears (realized / realize) by others.

06   Her parents didn't let her (eating / eat) junk food when she was young.

07   Villagers blame him for letting his dog (growl / growled) in front of the door.

08   The teacher wanted the student (answer / to answer) her question.

09   Listening to music allows me (having / to have) more concentration while I study.

10   The company forced him (to keep / kept) his job on one condition.

Exercise 1-1   다음 괄호 안에서 어법에 맞는 표현을 고르세요.

01   I asked my brother (lend / to lend) me five dollars.

02   I can't get the child (go / to go) to bed.

03   A good education will help you (developing / develop) your latent talents.

04   I got scared when I saw the truck (to close / closing) up on me.

05   Too much snow caused lots of people (to slip / slipping) on the road.

06　She wants her husband (to buy / buying) dozen of eggs on his way home.

07　He had his political enemies (imprison / imprisoned).

08　Tom got his license (to take / taken) away for driving too fast.

09　John became great by allowing himself (to learn / learned) from mistakes.

10　I was told to let Jim (pore / pored) over computer printouts.

Exercise 2 다음 주어진 문장에서 밑줄 친 부분이 문법적으로 맞지 않다면 고치세요.

01　The professor allowed his students <u>take</u> an open book exam.

02　Nobody noticed John <u>cry</u> in the corner.

03　He let his children <u>enjoy</u> their time at the park

04　The new rules allowed many students <u>bring</u> their pets to school.

05　She forced Tim <u>meditate</u> for 10 minutes every morning.

06　They let their child <u>sleep</u> in the main office.

07　He had his letter <u>send</u> before the weekend.

08　The owner made the dog <u>stay</u> quiet.

Actual Test

❖ 빈번하게 쓰이는 의미상의 주어 실전 독해연습

Actual Exercise 1 다음 주어진 문장을 분석하고 해석하세요.

01 I had my hair cut by the tall hairdresser in the new hair salon next
    to the cafeteria.

02 Neither threat nor persuasion could force him to change his mind.

03 It helps Blacks purge themselves of self-hate, thus assert their
    own validity.

    purge (v) 몰아내다

04 The lower animals must have their bodily structure modified in
    order to survive under the conditions.

05 An effective use of human resources has enabled us to achieve
    a remarkable economic growth in our country.

06 His sense of responsibility urged him to undertake the dangerous
    task for which he eventually sacrificed himself.

07 The invention of the smart phone has allowed people to use its
    applications to do daily tasks more easily.

08 He was born to a wealthy family in New York in 1800's. This circumstance allowed him to lead a prodigal existence for much of his life.

prodigal
(a) 낭비하는, 방탕한

09 The right food can help you concentrated, keep you motivated, sharpen your memory, speed your reaction time, reduce stress, and perhaps even prevent your brain from aging.

10 Since sommeliers help consumers understand the intricacies of selection, preparation and nutritional value of vegetables, the government needs to promote their role to the public.

intracacy (n) 복잡성

Check up

to부정사에 남아있는 동사적 기능

❶ **부정표시**: to부정사 바로 앞에 not 이나 never을 붙여 부정을 표시할 수 있다.

- It was important not to hurry.
  서두르지 않는 것이 중요했다.

- Not to make a noise is necessary.
  소음을 내지 않는 것이 필수적이다.

❷ **시제표시**: 시제는 크게 완료형과 기본형으로 나누어진다. 문장의 본동사를 기준으로 동시에 일어난 일이면 기본시제를, 그 이전에 일어난 일이면 완료시제를 쓴다.

기본시제	to 동사원형	본동사를 기준으로 동시에 일어난 일일 때
완료시제	to have p.p.	본동사를 기준으로 그 이전에 일어난 일일 때

예문	준동사의 시제
• He seems <u>to be happy.</u> • He seemed <u>to be happy.</u> • He seems <u>to have been happy.</u> • He seemed <u>to have been happy.</u>	현재 (본동사와 동일) 과거 (본동사와 동일) 과거 (본동사 이전 시제) 대과거 (본동사 이전 시제)

a. 그는 행복한 것처럼 보인다.

b. 그는 행복한 것처럼 보였다.

c. 그는 행복했던 것처럼 보인다.

d. 그는 행복했었던 것처럼 보였다.

❸ **능동 및 수동 표시**

구분	형태	사용
단순수동	to be p.p.	본동사와 시제가 같으면서 수동일 때
완료수동	to have been p.p	본동사보다 한 시제 앞서면서 수동일 때

Check up

④ 의미상의 주어

for 명사	대부분의 경우	possible, impossible, necessary, natural, difficult, hard, easy 등
of 명사	사람의 특징이나 성격을 나타내는 형용사와 함께	wise, honest, polite, foolish, cruel, rude, silly 등

- It was important to study hard.
  열심히 공부하는 것이 중요했다.
- It was important for me to study hard.
  내가 열심히 공부하는 것이 중요했다.

⑤ 목적어 및 기타 수반어구 : 동사처럼 목적어나 보어, 전치사구를 달고 올 수 있다.

- To study is necessary.
  공부하는 것은 필수적이다.
- To study hard is necessary.
  열심히 공부하는 것은 필수적이다.
- To study English is necessary.
  영어를 공부하는 것은 필수적이다.

Exercise 1　다음 문장에서 눈에 띄는 to부정사에 남아있는 동사적 기능을 찾고 해석하세요.

01　It was hard not to cry.

02　He learned not to eat too much.

03　The husband and the wife longed to have a child.

04　It is good for you not to eat sweets too much.

05　It was painful to have been burned by the hot water.

06　He never wanted to be helped with his homework.

Exercise 1-1 다음 문장에서 눈에 띄는 to 부정사의 남아있는 동사의 기능을 찾고 해석하세요.

01 It was easy for him to study all night long.

02 He always ran not to be late.

03 It was smart of her to have changed her plans.

04 It's a good thing for you to donate to the poor.

05 It was exciting for me to have a dog.

06 My mother seemed to have kept a secret from me.

Exercise 1-2 다음 문장에서 눈에 띄는 to 부정사의 남아있는 동사의 기능을 찾고 해석하세요.

01 She was cautious not to step on any snakes.

02 We never want to be left starved of candy.

03 It's natural for people to chatter their teeth when it's cold.

04 It was important for him to be on his way by sunrise.

05 I don't want to be left alone in my room.

06 He pretends to be sad because of the funeral of the city mayor.

07 I had expected to finish the test before the time was over.

08 There are so many countries for me to visit before I grow old.

Check up

STEP 3 **동명사에 남아있는 동사적 기능**

❶ **부정표시**: 동명사 바로 앞에 not 이나 never을 붙여 부정을 표시할 수 있다.

- Not meeting him before an interview was impossible.
  인터뷰 이전에 그를 만나지 않는 것은 불가능했다.
- Not making a noise is necessary.
  소음을 내지 않는 것이 필수적이다.

❷ **시제표시**: 시제는 크게 완료형과 기본형으로 나누어진다. 문장의 본동사를 기준으로 동시에 일어난 일이면 기본시제를 그 이전에 일어난 일이면 완료시제를 쓴다.

기본시제	동사+ing	본동사를 기준으로 동시에 일어난 일일 때
완료시제	having + p.p	본동사를 기준으로 그 이전에 일어난 일일 때

예문	준동사의 시제
a He denies taking a shower once a week.	현재 (본동사와 동일)
b He denied taking a shower once a week.	과거 (본동사와 동일)
c He denies having taken a shower once a week.	과거 (본동사 이전 시제)
d He denied having taken a shower once a week.	대과거 (본동사 이전 시제)

a 그는 일주일에 한 번 샤워한다는 것을 부인한다.
b 그는 일주일에 한 번 샤워한다는 것을 부인했다.
c 그는 일주일에 한 번 샤워했다는 것을 부인한다.
d 그는 일주일에 한 번 샤워했었다는 것을 부인했다.

❸ **능동 및 수동 표시**

구분	형태	사용
단순수동	being p.p.	본동사와 시제가 같으면서 수동일 때
완료수동	having been p.p.	본동사보다 한 시제 앞서면서 수동일 때

Check up

④ 의미상의 주어: 동명사의 자체주어는 인칭대명사의 소유격이 원칙이나 목적격으로도 두루 쓰이며, 사람을 제외하고는 그대로 표기한다.

- She is proud of having a smart son.
  그녀는 똑똑한 아들을 뒀다는 것을 자랑스러워한다.
- She is proud of her daughter having a smart son.
  그녀는 그녀의 딸이 똑똑한 아들을 뒀다는 것을 자랑스러워한다.
- He denied taking the bag.
  그는 그 가방을 가져갔다는 것을 부인했다.
- He denied their(them) taking the bag.
  그는 그들이 그 가방을 가져갔다는 것을 부인했다.

⑤ 목적어 및 기타 수반어구: to부정사와 마찬가지로 목적어나 보어 따위가 올 수 있다.

- Sleeping is necessary for survival.
  자는 것은 생존에 필수적이다.
- Talking to someone once doesn't mean falling in love with him or her.
  누군가에게 한 번 말 건다는 것이 그 또는 그녀와 사랑에 빠진다는 것을 의미하지 않는다.

Exercise 1 다음 문장에서 눈에 띄는 동명사의 남아있는 동사의 기능을 찾고 해석하세요.

01 I love eating at an Indian restaurant.

02 There are traces of someone having eaten pizza in the classroom.

03 I hate his sitting around doing nothing.

04 They are worried of losing the game.

05 Bob denied having eaten the last cookie.

06 After the leader turning on the slow music, everyone fell into a moment of silence.

Exercise 1-1 다음 문장에서 눈에 띄는 동명사의 남아있는 동사의 기능을 찾고 해석하세요.

01 I realized the boy patting my back.

02 I am positive of her having been absent to class.

03 The book was praised by many people to have been the work of the century.

04 He was sad because of the game ending too soon.

05 The citizens object to their building a garage facility.

06 I never felt good with myself after lying to my parents.

Actual Test

❖ 남아있는 동사의 기능 실전 독해연습

Actual Exercise 1 다음 문장에서 눈에 띄는 준동사의 남아있는 동사의 기능을 찾고 해석하세요.

01 My dog tends not to sleep when I am home.

02 It was normal for him to forget his homework.

03 He broke his promise not to call his sister princess.

04 She doesn't remember you giving her a present.

05 The animal had to be captured by local authorities.

06 Women sleeping to maintain their beauty are considered beauty queens.

07 Some workers were angry at not being paid on time.

08 He never tries not to be a snob.

09 The likelihood of being hired depends on qualifications

10 Last night, she nearly escaped from being run over by a car.

Actual Exercise 2   다음 문장에서 눈에 띄는 준동사의 남아있는 동사의 기능을 찾고 해석하세요.

01   Your back pain growing every day needs to be treated before it's too late.

02   It is uncommon for a normal person to participate in a skydiving experiment.

03   It is easy for anyone to cook but difficult to cook a good meal.

04   It's thoughtful of him to remember the names of every member in our film.

05   At that time, it was so difficult for construction companies to procure raw materials.

procure
(v) 구하다, 입수하다

06   It is more difficult for a confirmed smoker to give up the habit than for a novice, but it can be done.

confirmed
(a) 만성적인

07   They arrange for the majority language to be spoken by both parents to the child even at home.

arrange for
(v) 준비하다

08   When my sister's elbow healed, her fears of never being able to play tennis were assuaged.

assuage
(v) 누그러뜨리다

09   Nationally, this equates to almost 500,000 children in primary education being affected.

Actual Test

Actual Exercise 3 다음 문장에서 눈에 띄는 준동사의 남아있는 동사의 기능을 찾고 해석하세요.

01 My parents made a photo album of my childhood for me to look at when I have children.

02 A final way to organize an essay is to proceed from relatively simple concepts to more complex ones.

organize
(v) 정리하다

03 To bring about an increase in exports, it is important for us to sell commodities of excellent quality and a low price.

04 There still remain many issues to be resolved even after her lifelong devotion to the poor and helpless in this obscure village.

obscure
(a) 잘 알려져 있지 않은

05 For the New World as a whole, the India population decline in the century or two following Columbus's arrival is estimated to have been as large as 95 percent.

06 When the Inuit first explored the Arctic in their kayaks, they faced freezing temperatures, angry polar bears and the risk of being crushed between shifting ice flows.

07 If consumers buy produce which is not in season, it is likely to have been grown in artificial conditions, or picked prematurely and transported long distances.

Check up

B 준동사 관용표현

STEP 1 to부정사의 관용표현

❶ in order to부정사 = so as to부정사: ~하기 위하여

- I learned to speak French in order to live in France.
  나는 프랑스에서 살기 위해서 프랑스어를 배웠다.

- She wants to get a driver's license so as to commute by car.
  그녀는 차로 통근하기 위해서 면허를 따길 원한다.

❷ so + 형용사 /부사 + as to부정사: 너무 ~ 해서 그 결과 ~하다.

- I was so late as to miss the show.
  나는 너무 늦어서 그 쇼를 놓쳤다.

- They were so happy as to dance all night long.
  그들은 너무 행복해서 그 결과 밤새 춤을 췄다.

❸ too + 형용사 /부사 + to부정사: 너무 ~ 해서 ~할 수 없다.

- I was too late to make a reservation.
  나는 너무 늦어서 예약을 할 수 없었다.

- This bag is too expensive for me to buy.
  이 가방은 너무 비싸서 나는 살 수 없다.

❹ 형용사 /부사 + enough to부정사: ~할 만큼 충분히 ... 하다.

- I'm generous enough to give strangers money.
  나는 낯선 사람들에게 돈을 줄만큼 충분히 관대하다.

- He is sad enough to cry all day long.
  그는 하루 종일 울만큼 충분히 슬프다.

❺ enough + 명사 + to부정사: ~할 만큼 충분히 ... 한

- I have enough money to pay for this ticket.
  나는 이 표 값을 지불할 만큼 충분한 돈이 있다.

- I don't have enough friends to hang out with.
  나는 함께 어울려 놀 만큼 충분한 친구가 없다.

Exercise 1 다음 to부정사의 관용구에 유의하면서 해석하세요.

01 He is too slow to win that race.

→

02 The woman was so rich as to buy the whole store.

→

03 We awoke early enough to watch the soccer game.

→

04 He is fast enough to win that race.

→

Exercise 2 다음 주어진 문장에 맞게 영작하세요

01 나는 그 차를 살 충분한 돈이 없다.

→

02 그는 너무 빨라서 숙제를 빠르게 끝냈다. (as to, finish)

→

03 그녀는 너무 늦어서 표를 살 수 없었다. (too late to, ticket)

→

04 그는 그 건물을 살만큼 충분한 돈이 있다. (buy that building)

→

Check up

STEP 2 동명사의 관용표현

① **go ~ing**: ~하러 가다
② **cannot help ~ing**: ~하지 않을 수 없다
③ **There is no ~ing**: ~하는 것은 불가능하다
④ **It is no use ~ing**: ~해도 소용없다
⑤ **feel like ~ing**: ~하고 싶다
⑥ **far from ~ing**: 결코 ~않다 (=never)
⑦ **(Up) on ~ing**: ~하자마자

① We are going to go skiing this winter.
우리는 이번 겨울에 스키 타러 갈 예정이다.

② I cannot help thinking of you.
나는 너에 대해서 생각하지 않을 수 없다.

③ There is no persuading her.
그녀를 설득시키는 것은 불가능하다.

④ It is no use crying.
울어도 소용없다.

⑤ I feel like dancing.
춤추고 싶다.

⑥ He is far from being kind to me.
그는 나에게 결코 친절하지 않다.

⑦ Upon seeing the teacher, he ran away.
선생님을 보자마자, 그는 도망쳤다.

⑧ The guidebook will be helpful in planning a trip.
그 안내 책은 여행을 계획하는데 도움이 될 것이다.

⑨ By cooking him dinner, she made him happy.
그에게 저녁을 요리해줌으로써, 그녀는 그를 행복하게 만들었다.

⑩ I spent much money collecting jeans.
나는 청바지를 모으는데 많은 돈을 썼다.

⑪ I have difficulty in making a good impression.
나는 좋은 인상을 남기는 데 어려움을 겪는다.

⑫ I'm busy trying to make a reservation.
나는 예약하려고 애쓰느라 바쁘다.

Exercise 1 다음 동명사의 관용표현에 유의하면서 해석하세요.

01 She has difficulty in raising her test scores.

02 You must hurry in crossing the street.

03 We will go skiing this winter.

04 I will be busy washing my car.

05 Upon noticing the crowd, we turned at the next corner.

06 There is no stealing without being caught.

07 I am far from being finished with my homework.

08 It is no use asking for more money.

09 I tried to please my parents by washing the dishes.

10 She cannot help eating chocolate.

11 My brother always feels like teasing me.

12 I used all my money in paying my phone bill.

Exercise 2　다음 주어진 문장에 맞게 동명사의 관용표현을 써서 영작하세요.

01　이 지역에서 택시를 잡는 것은 불가능하다. (catch, area)
→

02　　그 식당에서 식사를 하는데 있어서 예약은 필수이다. (a reservation)
→

03　나는 나의 과제를 끝내는 데 반나절을 소비했다. (half the day, assignment)
→

04　나는 학교에 도착하자마자 화장실로 달려갔다. (run into)
→

05　심하게 울음으로써, 그는 분노를 표출했다. (express)
→

06　올 겨울에 Jim은 스키 타러 갈 것이다.

07　나는 정보를 수집하는 데 어려움을 겪었다. (collect information)
→

08　나는 수업 시간에 잠들지 않을 수 없다. (fall asleep, during the class)
→

09　나는 시험을 위해 공부하느라 바쁘다.
→

10　돈을 구걸해도 소용없다. (beg)
→

11　나는 내일 늦잠 자고 싶다. (sleep in)
→

12　그녀는 결코 미인이 아니다. (a beauty)

→

Exercise 2-1 다음 주어진 문장에 맞게 동명사의 관용표현을 써서 영작하세요.

01 나는 오늘 저녁에 Joy와 춤 추러 갈 것이다.

→

02 수업 시간에 핸드폰을 사용하는 것은 불가능하다.

→

03 그는 컴퓨터를 켜는 데 어려움을 겪고 있다. (turn ~ on)

→

04 여자친구를 사귀는 데 있어서 좋은 예절은 필수이다. (date a girlfriend, good manners)

→

05 나는 그를 비판하지 않을 수 없다. (criticize)

→

06 그는 차를 사는 데 돈을 낭비했다.

→

07 그녀는 집을 청소하느라 바쁠 것이다.

→

08 영화를 보자마자 나는 깊은 고민에 빠졌다. (fall into deep thought)

→

09 라디오를 고쳐도 소용없다.

→

10 방을 빨리 청소함으로써 Cathy는 친구를 만나러 갈 수 있었다.

→

11 그는 결코 착하지 않다. (nice)

→

12 나는 오늘 하루 쉬고 싶다. (take a break)

→

❖ 준동사 관용표현 실전 독해연습

Actual Exercise 1   **다음 주어진 문장을 준동사의 관용표현에 유의하며 해석하세요.**

01   He was too hungry to walk another 10 meters.

02   I had enough clothes to fill up three closets.

03   Our dog has grown too big for us to keep inside our home.

04   The building is tall enough to reach the clouds.

05   By taking the midnight train, we will arrive before sunrise.

06   I will spend all of my money purchasing a motorcycle.

07   Many teenagers have difficulty in coping with parents during puberty.   puberty (n)사춘기

Actual Test

Actual Exercise 2 다음 문장을 준동사의 관용표현에 유의하며 해석하세요.

01   The book is too difficult for this child to read.

02   We were too late to watch cartoon shows.

03   My father was so happy as to take us all to an expensive restaurant.

04   There was no turning back after we crossed that line.

05   Selling this product could produce enough money to start our

next project.

06   We all gave up upon seeing the size of the second pizza.

07   As a token of gratitude, the city people prepared a surprise party

for the mayor.

token (n) 징표, 표시

08   Don't say that you will be busy doing your homework because

I know you will be sleeping.

Actual Exercise 3　다음 문장을 준동사의 관용표현에 유의하며 해석하세요.

01　By sharing, we can get opinions and find solutions.

02　A cup of coffee isn't enough to sustain you till lunchtime.

03　The bag was too heavy for me to lift.

04　He is an expert in changing tires.

05　The math question was too tough for the student to answer.

06　It's not use worrying about past events over which you have no control.

07　This phenomenon has been described so often as to need no further clichés on the subject.

08　The work demonstrates strong determination in taking on such a controversial subject at this period of her life.

09　Many experts criticized the TV and radio networks as being too biased to cover the race fairly.

UNIT 6 3단계: 절 심화학습

! Check up

A 분사구문

- 부사절을 한 것을 분사구문이라 한다.
  부사절에서 접속사와 주어를 생략하고 동사에 ing를 붙여 분사를 만든다.
- ★ 보통 연결이 유연한 시간, 조건, 이유의 부사절을 많이 분사구문으로 쓴다.

STEP 1 분사구문 만들기

❶ 분사구문 만드는 과정

- 부사절의 접속사를 생략할 수 있다. (접속사의 의미를 분명히 하고자 하는 경우는 생략 안함)
- 주절의 주어와 부사절의 주어가 같으면 부사절의 주어를 생략한다.
- 남은 동사에 ing를 붙여 분사로 만든다.

부사구문 만들기 #44

- When I saw him, I started to shout.
  → Seeing him, I started to shout.
- The moment Sophie received the test paper, her head went blank.
  → Sophie receiving the test paper, her head went blank.

❷ 분사구문 만들 때 주의사항

■ 접속사 생략하지 않을 때, 부정어는 분사 앞에 놓는다.

- Not living with my mother, I had to learn to cook.
  어머니와 살지 않기 때문에, 나는 요리하는 방법을 배워야 했다.
- Not having met her before, I didn't recognize her.
  이전에 그녀를 만난 적이 없기 때문에, 나는 그녀를 몰라봤다.

■ 만드는 과정에서 생긴 being 또는 having been은 생략이 가능하다.

- (Having been) born in a poor family, he wasn't educated at school.
  가난한 가정에서 태어났기 때문에, 그는 학교에서 교육받지 못했다.
- My brother (being) sleeping in his room, we were having a party.
  나의 남자형제가 그의 방에서 자고 있는 동안, 우리는 파티를 하고 있었다.

Exercise 1 다음 문장을 분사구문으로 만드세요.

01   When the woman made an order, he looked at me.

→ _____.

02   While I was walking down the street, I saw a dog barking.

→ _____.

03   She showed me her cat, and asked me if it was cute.

→ _____.

04   As Jack had lost a lot of weight, I could not recognize him.

→ _____.

05   Because I was not there, I cannot answer any of your questions.

→ _____.

06   Since she had spent all her money, she had to borrow some money from her mother.

→ _____.

07   As I wanted to stay alone, I turned off my phone.

→ _____.

Exercise 2 다음 분사구문이 포함된 문장을 해석하세요.

01 Having nothing to worry, she was always happy.

02 They doing the homework, he was sleeping.

03 Satisfied to lose more than 20 pounds, he hesitated to eat pizza.

04 Having a baby in the house, I did not play loud music.

05 Coming across my ex-girlfriend, I could not speak a word.

06 Although upset with him, I tried to talk to him.

07 Terry staying focused on his studies, my father did not interrupt him.

Exercise 2-1 다음 분사구문이 포함된 문장을 해석하세요.

01 Looking at the dog, she found the dog running towards her.

02 His sister was sleeping at home, Paul heading to the airport.

03 Thinking something was suspicious, she called the police.

04 Hurt from his words, she wanted an apology.

05 Feeling excited, we chose to invite more friends.

06 The others were upset thinking that they were missing out on something.

07 She approached a dog, feeding it a bone.

08 Surrounded by great people, I felt proud.

Check up

STEP 2 **with 분사구문**

분사구문이 이유(~때문에)나 동시동작(~하면서)의 뜻일 때, 분사의 의미상의 주어 앞에 **with**를 붙인다. 이때 의미상의 주어와 분사의 관계가 능동이면 현재분사를, 수동이면 과거분사를 쓴다.

- With his ears covered, I called his names.
  그의 귀를 막은 채로, 나는 그를 욕했다.

- With his eyes (being) open, he was sleeping.
  눈을 뜬 채로, 그는 자고 있었다.

- Don't skate with your hands (being) in your pockets.
  스케이트 타지 마라 너의 손을 주머니에 넣은 채로.

with 분사구문 #45

Exercise 1 다음 빈칸을 주어진 한글해석에 맞게 **with**와 주어진 단어를 활용하여 영작하세요.

01 She sang a song _____. (close)
그녀는 눈을 감은 채로 노래를 불렀다.

02 He was thinking about the problem _____. (fold)
그는 팔짱을 낀 채로 그 문제점에 대해 생각하고 있었다.

03 Ann complained about the poor service _____. (cross)
Ann은 다리를 꼰 채로 형편없는 서비스에 대해 항의했다.

04 She tried to sleep _____. (turn)
그녀는 불을 켠 채로 잠들려고 노력했다.

05 He tried to talk _____. (full)
그는 입이 가득 찬 채로 말하려고 했다.

Exercise 1-1 다음 빈칸을 주어진 한글해석에 맞게 **with**와 주어진 단어를 활용하여 영작하세요.

01 He was reading a novel _____. (run down)
눈물이 얼굴위로 흐르는 채로 그는 소설을 읽고 있었다.

02 He was driving _____. (on his lap)
무릎 위에 고양이를 올려 논 채로 그는 운전을 하고 있었다.

03 I went into the room _____. (turn down)
나는 내 휴대용 컴퓨터를 끈 채로 방으로 들어갔다.

04 _____, the meeting was cancelled. (ill)
많은 사람들이 아팠기 때문에, 회의는 취소되었다.

05 _____, she stared at the man. (wide open)
눈을 크게 뜬 채로 그녀는 그 남자를 응시했다.

Actual Test

❖ 분사구문 실전 독해연습

Actual Exercise 1 다음 주어진 문장에 쓰인 분사문구를 유의하며 해석하세요.

01   Walking along the road, he tripped over the root of a tree.

02   Covered with confusion, he left the conference room.

03   Having no money in his wallet, he had no choice but to walk more than ten kilometers.

04   My car, parked in front of the bank, was towed away for illegal parking.

05   Stripped of his questions, the journalist has no identity.

06   The package, having wrong addressed, reached him late and damaged.

07   Their human rights record remained among the worst, with other abuses taking place in the country.

08   Straddling the top of the world, one foot in China and the other in Nepal, I cleared the ice from my oxygen mask.

09   Old giant corporations such as IBM and AT&T laid off thousands of workers, down sizing to become more efficient and competitive.

10   With the city's police force cut more than 25%, private security appears to be one of Detroit's few growth industries.

conference (n) 회의

straddle (v) (양쪽으로)
다리를 벌리다

11   The newly built conference room, though equipped with more advanced facilities, accommodates fewer people than the old one.

accommodate
(v)수용하다

12   With every major university and college offering so called creative writing courses, novelists and poets are continually scratching and scrambling to land themselves a spot.

scramble
(v)서로 밀치다
land (v)차지하다

13   His head being turned back, he passed a crook of the road, and, looking forward again, beheld the figure of a man, in grave and decent attire seated at the foot of an old tree.

crook
(n)구부러진 곳, 굴곡
behold (v)(바라) 보다
attire (n)복장

14   Last year, security researcher Nils Roddy claimed he could take over a drone that cost between $30,000 and $35,000 using just a laptop and forty dollars' worth of special equipment.

15   Attempting to revive sluggish demand for domestic flights, airlines have been working with travel agencies, as well as federal and regional governments, to offer travel packages for day trips around Korea that are cheaper – and faster – than taking a train.

sluggish
(a)부진한, 느릿느릿한
day trip 당일 여행

Check up

B 가정법: 사실과는 반대이거나 비현실적인 일, 단순 상상이나, 소망 같은 것들을 가정하여 말하는 방법을 가정법이라고 한다.

STEP 1 가정법 과거와 과거완료

❶ **가정법 과거:** 현재사실과는 다른 일을 가정해보고자 할 때 사용한다.

■ **If 주어 + 동사의 과거형 (were), 주어 + 조동사의 과거형 + 동사원형:**
   만약~라면, …일 텐데

- If I were a tree, I would give you a place to rest.
  내가 만약 나무라면, 나는 너에게 쉴 장소를 줄 텐데.

- If I had a car, I would drive every night.
  만약 내가 차가 있다면, 매일 밤 드라이브할 텐데.

❷ **가정법 과거완료:** 과거에 일어나지 않았던 일을 가정해보고자 할 때 사용한다.

■ **If 주어 + had p.p., 주어 + 조동사의 과거형 + have p.p. :**
   만약~였더라면, …였을 텐데

- If I had passed the exam, I would have been happy.
  만약 내가 시험에 통과했었더라면, 나는 행복했을 거야.

- If I had not been sick, I could have taken the test.
  만약 내가 아프지 않았더라면, 나는 시험을 치를 수 있었을 텐데.

Exercise 1 주어진 내용을 참고로 해서 동사를 알맞은 형태로 바꾸세요.

01 If you _____ me your schedule, I could arrange a meeting. (tell)
I want you to tell me your schedule.

02 If you _____ me your schedule, I could have arranged a meeting with you. (tell)
But you didn't, so I had to arrange a meeting with another person.

03 If I _____ rich, I could have bought that house. (be)
But I wasn't, so I couldn't buy the house.

04 If I _____ rich, I could buy that house. (be)
I want to be rich.

05 If I _____ the test, I could receive a certificate. (pass)
I want to pass the test.

Check up

STEP 2 혼합 가정법

❶ **혼합 가정법**: 과거의 사실이 현재까지 영향을 미치고 있는 경우에 사용한다.

■ **If 주어 + had p.p., 주어 + 조동사의 과거형 + 동사원형: 만약~였더라면, …일 텐데**

- If I had passed the exam, I would be happy (now).
  만약 내가 시험에 통과했더라면, 나는 (지금) 행복할 텐데.

- If I had bought a car, I could take her home every night until now.
  만약 내가 차를 샀더라면, 나는 지금까지 매일 밤 그녀를 데려다 줄 수 있을 텐데.

혼합 가정법 #47

Exercise 1 주어진 내용을 참고로 해서 동사를 알맞은 형태로 바꾸세요.

01 If I _____ to practice, I wouldn't have a hard time now. (start)
Because I did not start to practice, I have had a hard time until now.

02 If you _____ your promise, I would not scold you now. (keep)
Because you did not keep your promise, I have scolded you until now.

■ **가정법 종합**

Exercise 2 주어진 틀에 벗어나지 않는 선에서 자유롭게 영작하세요.

01 만약 당신이 그를 만난다면, 당신은 _____ 할 텐데.
→ _____.

02 만약 당신이 그녀를 만났더라면, 지금(까지) 당신은 _____ 텐데.
→ _____.

03 만약 당신이 그녀를 만나지 않았었더라면, 당신은 _____ 했을 텐데.
→ _____.

04 만약 그녀가 그 수업을 들었더라면, 그녀는 _____ 텐데.
→ _____.

04 당신이 그를 만나지 않았더라면, 지금(까지) 당신은 _____ 없었을 텐데.
→ _____.

Check up

STEP 3 여러 가지 가정법

❶ **I wish 가정법**

I wish (that) 주어 + 동사의 과거형	~라면 좋을 텐데 (현재의 바람)
I wish (that) 주어 + had p.p.	~이었다면 좋았을 텐데 (과거의 바람)

- I wish (that) I had a boyfriend.
  나는 남자친구가 있으면 좋을 텐데.
- I wish (that) I had had a boyfriend before graduation.
  나는 졸업 전에 남자친구가 있었더라면 좋았을 텐데.

여러 가지 가정법 #48

❷ **as if (though) 가정법**

as if (though) 주어 + 동사의 과거형	마치 ~처럼 (현재)
as if (though) 주어 + had p.p.	마치 ~였던 것처럼 (과거)

- He looks as if he were upset.
  그는 속상한 것처럼 보인다.
- He looks as if he had been upset.
  그는 속상했던 것처럼 보인다.

❸ **without /but for 가정법**

Without /But for~, 주어 + 조동사(의 과거형)+ 동사원형	~이 없다면 (현재)
Without /But for~, 주어 + 조동사(의 과거형)+ have p.p.	~이 없었더라면 (과거)

- Without your help, I could not get better.
  너의 도움이 없다면, 나는 나아질 수 없다.
- Without this elevator, we might climb up all the steps.
  엘리베이터가 없다면, 우리는 모든 계단을 올라야 할지도 모른다.
- But for water, we cannot survive.
  물이 없다면, 우리는 살아남지 못할 것이다.
- But for water, we cannot have survived.
  물이 없었다면, 우리는 살아남지 못했을 것이다.

! Check up

STEP 4 If의 생략과 도치:

If절에서 were, should, had가 있는 경우 if를 생략하고 도치시킬 수 있다.

★ 도치시키는 것보다, 도치된 문장인지를 알아보는 것이 더 중요!

- If I were a tree, I would give you a place to rest.
  - → Were I a tree, I would give you a place to rest.

    만약 내가 나무라면, 나는 너에게 쉴 장소를 줄 텐데.

- If I had passed the exam, I would have been happy.
  - → Had I passed the exam, I would have been happy.

    만약 내가 시험에 통과했더라면, 나는 행복했을 텐데.

생략과 도치 #49

▌여러 가지 가정법

Exercise 1 다음 주어진 문장의 괄호 안에서 알맞은 것을 고르세요.

01 I wish I (were / am) you.

02 I wish I (met / had met) her when I was young.

03 Katherine speaks Korean fluently as if she (is / were) Korean.

04 He talks as if he (had read / reads) the newspaper yesterday.

05 She looks as if she (had been / were) tired now.

06 Without your help, I (could not / could) finish my research, because it's almost impossible to do by myself.

07 But for your help, I (couldn't finish / couldn't have finished) my research then.

08 I wish I (had / had had) a dog, because I need a friend at home.

09 I wish I (didn't tell / hadn't told) you the story. I have been feeling bad about it.

Exercise 2 다음 주어진 단어를 활용하여 가정법으로 영작하세요.

01 그는 그녀가 그에게 무언가를 기부하길 바란다. (wish)

→ _____ .

02 그는 그녀가 그에게 무언가를 기부하길 바랬다. (wish)

→ _____ .

03 그녀는 마치 슬프지 않은 것처럼 말하려고 노력한다. (try to talk)

→ _____ .

04 그는 마치 아팠던 것처럼 행동했다. (act)

→ _____ .

05 그는 마치 그의 영혼이 다친 것처럼 울기 시작했다. (hurt)

→ _____ .

Exercise 3 주어진 틀에서 벗어나지 않는 선에서 자유롭게 영작하세요.

01 나는 _____ 바란다.

→ _____ .

02 나는 _____ 바랬다.

→ _____ .

03 그녀는 마치 _____ 인 것처럼 _____ 다.

→ _____ .

04 그는 마치 _____ 것처럼 _____ 다.

→ _____ .

05 나의 _____ 없다면, 나는 _____ 것이다. (현재)

→ _____ .

06 그의 _____ 없었더라면, 내가 _____ 것이다. (과거)

→ _____ .

❖ 가정법 실전 독해연습

Actual Exercise 1 다음 주어진 문장을 분석하고 해석하세요.

01 I wish I had studied biology when I was a college student.

02 If I had enough money, I would buy a fancy yacht.

03 I wish we had purchased the apartment last year.

04 He speaks English fluently as if he were an American.

05 If he had taken more money out of the bank, he could have bought the shoes.

06 If I didn't attend her party, she would be upset.

07 If they had followed my order, they would not have been punished.

08 Had I had the book, I could have lent it to you.

Actual Test

Actual Exercise 2 다음 주어진 문장을 분석하고 해석하세요.

01 Had she come to the concert, she would have enjoyed it.

02 If I had followed your advice, I would be very healthy.

03 If it had not been for Newton, the law of gravitation would not have been discovered.

04 Had I started studying Russian a few years earlier, I would speak Russian better now.

05 If international trade didn't exist, many products wouldn't be available on the market.

06 The game might have been played if the typhoon had not been approaching.

07 If Jenny had applied by February 28, the university would have accepted her for the spring semester.

08 The situation in Iraq looked so serious that it seemed as if the Third World War might break out at any time.

UNIT
7 비교

! Check up

- 둘 이상의 사물의 성질을 비교할 때 형용사나 부사의 형태가 변화하는 것을 말한다. 비교의 종류에는 원급, 비교급, 최상급이 있다.

A 원급 비교

- 원급 비교란 동등한 것을 비교하는 것을 말한다.

원급비교 #50

STEP 1 원급 비교: as~as 사이에 이어지는 구성요소의 기본 형태가 온다.

❶ 원급 비교

as ~ as	~만큼 ~하다
not so(as) ~ as	~만큼 ~하지 못하다

- She is as pretty as I am.
  그녀는 나만큼 예쁘다.
- She is not as pretty as I am.
  그녀는 나만큼 예쁘지 않다.

Exercise 1 다음 주어진 문장을 해석하세요.

01 She cried as hard as I did.

02 He is not so handsome as I am.

03 He has just as big a house as I have.

04 She hates him as much as they (hate him).

05 She likes you as much as (she likes) him.

Check up

❷ 배수 비교

배수사 + as ~ as	
배수사 + the 명사 + of	~보다 …배 ~한
배수사 + 비교급 + than (3배수 이상에 사용)	

배수사	half / twice , three times, four times…

- **His salary is** twice as **high** as **hers.**
  그의 봉급은 그녀의 것보다 두 배 높다.
- **She paid** twice the price of **the room charge.**
  그녀는 그 방의 두 배의 가격을 지불했다.
- **His room is** three times **larger** than **my room.**
  그의 방은 나의 방보다 세 배 넓다.

Exercise 1 **다음 주어진 문장을 해석하세요.**

01 He eats twice as much food as her.

02 Tom paid twice the price of the product.

03 Tom is three times stronger than Chris.

Check up

STEP 2 원급으로 최상급 표현

❶ as ~ as one can: 가능한 한 ~하게 (= as ~ as possible)
- I ran as fast as I could.
- = I ran as fast as possible.
  나는 가능한 빠르게 달렸다.

❷ as ~ as ever 동사: 지금까지 ~한 어느 누구 못지않게 ~한
- He is as happy a man as ever lived.
  그는 여태 살았던 사람 못지않게 행복하다.

❸ as ~ as any 명사: 어떤 ~에 못지않게
- She is as kind as any men in the world.
  그녀는 세상 누구에 못지않게 착하다.

❹ as ~ as can be: 극도로 ~한
- He is as upset as can be.
  그는 극도로 속상하다.

Exercise 1 다음 주어진 문장을 해석하세요.

01 He ran as fast as he could.

02 Please come back as fast as you can.

03 He is as great an artist as ever lived.

04 She is as beautiful as any girls in Korea.

05 Tom is as sad as can be.

Check up

STEP 3 원급비교 관용표현

❶ **as ~ as before** 여전히

❷ **not so much A as B** A라기보다는 B이다 (= not A so much as B)

❸ **cannot so much as** 조차도 (= cannot even)

❹ **as many as** 무려~나 되는 (수)

❺ **as much as** 무려~나 되는 (양)

❻ **as early as** 일찍이

❼ **as late as last night** 바로 어젯밤에

❽ **as good as** ~나 다름없는 (= no /little better than)

❶ My grandfather can't hear as well as before.
나의 할아버지께서는 여전히 잘 듣지 못하신다.

❷ He is not so much stingy as frugal.
그는 인색하다기 보단 검소하다.

❸ She can't so much as remember her own birthday.
그녀는 그녀 자신의 생일조차도 기억하지 못한다.

❹ He has as many as ten cats.
그는 무려 열 마리나 되는 고양이를 가지고 있다.

❺ He wanted to shout as much as he was satisfied.
그는 그가 만족할 만큼 소리치길 원했다.

❻ I left for Busan as early as April.
나는 일찍이 4월에 부산으로 떠났다.

❼ I told him the truth as late as last night.
나는 그에게 바로 어젯밤에 진실을 이야기했다.

❽ The enemy is as good as dead.
그 적군은 죽은 거나 다름없다.

Exercise 1 다음 주어진 문장을 해석하세요.

01 He is as lazy as before.

02 She is not so much a cook as a doctor.

03 He cannot so much remember his own name.

04 He has as many as six children.

05 He has as much as 10 million dollars.

06 I met him as late as yesterday.

07 I am as good as broke.

Check up

B 비교급

STEP 1   비교급과 최상급 만들기

	형용사 /부사	비교급	최상급
1음절 단어: -er, -est, 1음절이면서 -e로 끝나는 단 어: -r, -st	smart	smarter	smartest
	young	younger	youngest
	wise	wiser	wisest
<단모음+자음>로 끝나는 단어: 자음을 한 번 더 쓰고 -er, -est	big	bigger	biggest
	sad	sadder	saddest
	hot	hotter	hottest
<자음+y>로 끝나는 단어: -y → -ier, iest	pretty	prettier	prettiest
	happy	happier	happiest
3음절 이상이거나 -ful, -ous, -ing 등으로 끝나는 단어: 앞에 more, most를 붙인다	careful	more careful	most careful
	famous	more famous	most famous
	surprising	more surprising	most surprising

■ 불규칙변화

good /well	better	더 좋은	best	최고의
ill /bad	worse	더 나쁜	worst	최악의
many /much	more	더	most	가장, 최대의
little	less	덜	least	가장 적은, 최소의
old	older	더 나이 많은, 오래된	oldest	가장 오래된
	elder	더 나이 많은	eldest	가장 나이가 많은
late	later	더 늦은	latest	가장 최신의
	latter	후자의	last	마지막의
far	further	정도 상 더 먼	furthest	가장 먼 (정도)
	farther	거리 상 더 먼	farthest	가장 먼 (거리)

Exercise 1 다음 주어진 단어의 비교급과 최상급을 만드세요.

01 smart → _____ _____

02 hot → _____ _____

03 pretty → _____ _____

04 famous → _____ _____

05 beautiful → _____ _____

Exercise 1-1 다음 주어진 단어의 비교급과 최상급을 만드세요.

01 big → _____ _____

02 short → _____ _____

03 early → _____ _____

04 humorous → _____ _____

05 useful → _____ _____

Exercise 1-2 다음 주어진 단어의 비교급과 최상급을 만드세요.

01 far (거리가 먼) → _____ _____

02 good → _____ _____

03 bad / ill → _____ _____

04 many / much → _____ _____

05 little → _____ _____

Check up

STEP 2 비교급

비교급 ~ than	~ 보다 더 ~ 한

- She is prettier than Mina.
  그녀는 미나보다 더 예쁘다.
- She is more beautiful than Mina.
  그녀는 미나보다 더 아름답다.

■ 비교급 주의사항

❶ 비교급 강조의 수식어

┃ 보기 ┃ much, still, far, by far, a lot, even 등

- She is <u>much</u> prettier than Mina.
  그녀는 미나보다 훨씬 더 예쁘다.
- She is <u>still</u> more beautiful than Mina.
  그녀는 미나보다 훨씬 아름답다.

❷ 라틴어 비교급 형용사는 앞에 more를 쓰지 못하며, than 대신 to를 쓴다.

┃ 보기 ┃ superior, inferior, major, prior, preferable 등

- His ability is superior to his brother's.
  그의 능력은 그의 남자형제보다 우수하다.
- The constitution is prior to all other laws.
  헌법은 다른 모든 법들에 앞선다.

Exercise 1 다음 주어진 문장을 해석하세요.

01 He practiced much harder than I did.

02 She received more attention than I expected.

03 This computer is much superior to that one.

Check up

STEP 3 비교급으로 최상급 표현

비교급으로 최상급 표현 #53

❶ **비교급 + than any other + 단수명사**

- Paul is more handsome than any other man in the world.
  Paul은 세상에서 어떤 다른 남자보다 더 잘생겼다.

❷ **비교급 + than all the other + 복수명사**

- She is more intelligent than all the other students in her class.
  그녀는 그녀의 학급에서 다른 모든 학생들보다 더 똑똑하다.

❸ **비교급 + than anyone else**

- He is taller than anyone else in his class.
  그는 그의 학급에서 어떤 다른 누구보다 더 키가 크다.

❹ **No (other) 단수명사 + 동사 + 비교급 + than + 주어**

- No building in Korea is taller than 63 building.
  한국에 있는 어떤 빌딩도 63빌딩보다 높지 않다.

Exercise 1 다음 주어진 문장을 해석하세요.

01 I received higher scores than any other student.

02 She is smarter than all the other students in her school.

03 He is older than anyone else in the country.

04 No (other) river in the world is longer than this one.

Check up

STEP 4 비교급 관용구 1

A is no more B than C is D	C가 D가 아닌 것처럼 A도 B가 아니다. (= A is not B any more than C is D)
no more than	겨우 (= only)

- **Tom is** no more **kind** than **his brother** is.
  그의 남자형제가 그렇지 않은 것처럼 Tom도 친절하지 않다.
- **A whale is** no more **a fish** than **a horse** is.
  말이 그렇지 않은 것처럼 고래도 생선이 아니다.
- **He is** no more than **a puppet.**
  그는 고작 꼭두각시일 뿐이다.

A is no less B than C is D	C가 D인 것처럼 A와 B도 그렇다.
no less than	~만큼이나 (= as much as)

- **Fruit is** no less **good for health** than **nuts are good for brain.**
  견과류가 두뇌에 좋은 것처럼 과일은 건강에 좋다.
- **Fruit is good for health** no less than **nuts.**
  과일은 견과류만큼이나 건강에 좋다.
- **The house is worth** no less than **$50,000.**
  그 집은 5만 달러만큼의 가치가 있다.

not more ~ than	~보다 ~더 않다
not more than	많아야 (= at most)

- **She is** not more **honest** than **you are.**
  그녀는 너보다 더 정직하지 않다.
- **She has** not more than **5 dollars.**
  그녀는 많아야 5달러 가지고 있다.

Check up

not less ~ than	~에 못지않게 ~하다
not less than	적어도 (= at least)

- She is not less beautiful than Kim tae-hee.
  = She is probably more beautiful than Kim tae-hee.
  그녀는 김태희 못지않게 아름답다.
- She has not less than 10000 won.
  = She has at least 10000 won.
  그녀는 적어도 10000원은 갖고 있다.

no /little better than	~와 다름없는 (= as good as)

- He is no better than Casanova.
  그는 카사노바와 다름없다.
- I am little better than a beggar.
  나는 거지나 다름없다.

no more /longer	더 이상 ~아니다 (= not ~ anymore /longer)

- I study English no more.
  나는 더 이상 영어를 공부하지 않는다.
- I hate him no longer.
  나는 더 이상 그를 싫어하지 않는다.

know better than to V	~할 만큼 어리석지 않다 (= be wise enough not to V)

- I know better than to take a taxi during rush hour.
  나는 붐비는 시간대에 택시를 탈만큼 어리석지 않다.
- I know better than to sleep until noon.
  나는 정오까지 잘 만큼 어리석지 않다.

Exercise 1 보기의 해석을 참고하여 주어진 예문을 해석하세요.

> · He is **no uglier than** his father is.
>   → 그의 아버지가 그렇지 않은 것처럼 그도 못생기지 않다.
> · He is **no more than** a fraud.
>   → 그는 고작 사기꾼일 뿐이다.

01   He is no smarter than she is.

02   I am no hungrier than she is.

03   I am no more than 150cm tall.

04   He is no more creative than his brother is.

05   I am no more Chinese than you are Japanese.

06   He is no more than a liar.

Exercise 1-1 보기의 해석을 참고하여 주어진 예문을 해석하세요.

> · She is **no less** kind to her classmates **than** you are to your parents.
>   → 네가 네 부모님에게 친절한 것처럼 그녀는 그녀의 학급친구들에게 친절하다.
> · The photo is worth **no less than** 5000 dollars.
>   → 그 사진은 5천 달러만큼의 가치가 있다.

01   That cup is no less expensive than a dish is.

02   My car is no less fast than the bus is.

03   This building is high no less than that building.

04   My kitty is no less cute than your kitty is cute.

05   My son is cute no less than your daughter.

06   She is no less beautiful than Jane.

Exercise 1-2 보기의 해석을 참고하여 주어진 예문을 해석하세요.

· She is **not** uglier **than** her brother.
→ 그녀는 그녀의 남동생보다 더 못생기지 않다
· She is **not more than** 30 years old.
→ 그녀는 나이가 많아 봐야 30살이다.

01 That bottle is not more than half full.

02 Tom is not more stupid than his brother is.

03 She is not more than 50 years old.

04 The pillar is not thinner than that tree.

Exercise 1-3 보기의 해석을 참고하여 주어진 예문을 해석하세요.

· My daughter is **no less** smart **than** the genius.
→ 나의 딸은 그 천재 못지않게 똑똑하다.
· She gave him **not less than** 500 dollars.
→ 그녀는 그에게 적어도 500달러는 건넸다.

01 That dog is not less smart than his son.

02 You must stay calm not less than for a week.

03 Kate is not less short than a kid.

04 She has to study for the test not less than for three days.

Exercise 1-4 보기의 해석을 참고하여 주어진 예문을 해석하세요.

> · Yesterday was **no better than** a nightmare.
> → 어제는 악몽과 다름없었다.

01   That bread's smell is no better than a sock.

02   The school is little better than a concert hall.

03   She is no better than her father.

04   He is little better than a fraud.

Exercise 1-5 보기의 해석을 참고하여 주어진 예문을 해석하세요.

> · I eat meat **no more (no longer)**.
> → 나는 더 이상 고기를 먹지 않는다.

01   I go camping no longer.

02   I go to school no more. Bod sleeps in no more.

03   I go to church no more.

04   I think about her no longer.

Exercise 1-6 보기의 해석을 참고하여 주어진 예문을 해석하세요.

> · Rita **knows better than to** lie to her mother.
> → Rita는 자기 엄마에게 거짓말을 할 만큼 어리석지 않다.

01   I know better than to cheat on the test.

02   He knows better than to lose his belongings.

03   I know better than to stay silent.

04   She knows better than to get lost.

Check up

STEP 5 비교급 관용구 2

the + 비교급~, the + 비교급	~하면 할수록, 더 ~한

- The harder I work, the happier I become.
  내가 더 일을 하면 할 수록, 나는 더 행복해진다.
- The older he gets, the wiser he is.
  그가 더 나이가 들면 들수록, 그는 더 현명해진다.
- The more we have, the more we want to have.
  우리가 더 많이 가지면 가질수록, 우리는 더 가지길 원한다.
- The harder you work, the more you earn.
  네가 일을 더 열심히 할수록, 너는 더 많이 번다.

비교급 + and + 비교급 /more and more + 원급	점점 더 ~한

- As she grew older, she became more and more beautiful.
  그녀는 나이가 듦에 따라, 점점 더 아름다워졌다.
- He studied less and less and his grades became worse and worse.
  그는 점점 덜 공부했고 그의 성적은 점점 악화됐다.

Exercise 1 **다음 주어진 문장을 해석하세요.**

01 The more I eat, the more I become fat.

02 The more I read, the more I feel depressed.

03 The bigger a diamond is, the more expensive it is.

04 The more I eat, the less I hate him.

05 His son grew bigger and bigger.

06 It is getting colder and colder as we go north.

07 The deeper a pool is, the more dangerous it is.

Check up

C 최상급

STEP 1 최상급

최상급 #54

❶ **the 최상급 + of (all) 복수명사**
❷ **the 최상급 + 명사 + in 장소**
❸ **the 최상급 + 명사 + (that) ~ ever /can**
❹ **the 서수 + 최상급 + in 장소**
❺ **one of the 최상급 + 복수명사 + in 장소**

- Linda is the most beautiful of all the girls.
  Linda는 모든 소녀들 중에서 가장 아름답다.

- She is the most beautiful girl in the world.
  그녀는 세상에서 가장 아름다운 소녀이다.

- She is the most beautiful girl (that) I have ever seen.
  그녀는 내가 봤던 가장 아름다운 소녀이다.

- July is the second most beautiful.
  July는 두번째로 가장 아름다운 소녀이다.

- He is one of the most famous artists of the 20th century.
  그는 20세기의 가장 유명한 예술가들 중 하나이다.

- She is one of the youngest professors at the university.
  그녀는 대학에서 가장 어린 교수들 중 하나이다.

Exercise 1 다음 주어진 문장을 해석하세요.

01   He is the tallest of all the boys in the school.

02   Seoul is one of the busiest cities in the world.

03   He is the smartest guy that I have ever seen.

04   Osaka is the second busiest city in Japan.

05   He is one of the sweetest guys in the office.

06   She is my best friend.

07   Today is the hottest day of the year.

08   It was one of the best decisions he has ever made in his life.

Check up

STEP 2   최상급 관용구

not in the least	전혀 ~ 아니다 (= not at all, never)
at least	적어도 (= not less than)
at most	많아야 (= not more than)
at best	기껏해야 (= not better than)

- **She looked** not in the least **tired.**
  그녀는 전혀 피곤해 보이지 않았다.
- **He is 30 years old,** at least. **He looks old.**
  그는 적어도 서른이다. 그는 나이 들어 보인다.
- **He is 30 years old,** at most. **He looks young.**
  그는 많아야 서른이다. 그는 어려 보인다.
- **He is an average student** at best.
  그는 기껏해야 평범한 학생이다.

Exercise 1   다음 주어진 문장에서 최상급 관용구를 유의하며 해석하세요.

01   She was not in the least disappointed.

02   He is 10 years old, at most.

03   The salad isn't fresh, but at least it is cheap.

04   The new policy may last only for 3 days at best.

Actual Test

❖ 비교 실전 독해연습

Actual Exercise 1 다음 주어진 문장을 해석하세요.

01 She is more beautiful than any other girl in the class.

02 No other man is faster than Bolt in the whole world.

03 It is not so straightforward a problem as we expected.

straightforward
(a) 간단한

04 I know no more than you do about her mother.

05 Jane is not as young as she looks.

06 It's easier to make a phone call than to write a letter.

07 It's much easier to start a business than to run it well.

08 She does not like going outdoors, much less mountain climbing.

much less
~는 말할 것도 없고

09 The reader experiences much more background information and greater detail.

10 She felt that she was as good a swimmer as he was, if not better.

11 It has been widely known that he is more receptive to new ideas than any other man.

12 As you grow older, you will come to realize the meaning of this saying clearly.

Actual Exercise 2 다음 주어진 문장을 해석하세요.

01 A person's value lies not so much in what he has as in what he is.

02 They are the largest animals ever to evolve on Earth, larger by far than the dinosaurs.

03 She didn't like the term Native American any more than my mother did.

04 The colder it gets, the brighter the city becomes with colorful lights and decorations.

05 His latest film is far more boring than his previous ones.

06 The older you grow, the more difficult it becomes to learn a foreign language.

07 Few living things are linked together as intimately as bees and flowers.

intimately (ad) 친밀하게

08 Babies as young as one and two months of age have the capacity to discriminate speech sounds.

discriminate
(v) 구별하다, 차별하다

Actual Test

09   Visitors at Disneyland pay a high admission price and
     wait hours for rides that last no more than five minutes.

10   In the history of science, Galileo's work on the motion of
     objects was at least as fundamental a contribution as his
     astronomical observations.

8 특수 구문

8 특수 구문

A 강조

STEP 1 **강조 구문:** It is (was)와 that(which/ who(m)) 사이에 주어, 목적어, 부사구 중 강조하고 싶은 것을 넣어 강조구문을 만들 수 있다.

- Nancy met Tom at the restaurant yesterday. (본문장)
  Nancy는 어제 식당에서 Tom을 만났다.

❶ **주어 강조**
- It was **Nancy** that met Tom at the restaurant yesterday.
  어제 식당에서 Tom을 만난 것은 바로 Nancy였다.

❷ **목적어 강조**
- It was **Tom** that Nancy met at the restaurant yesterday.
  어제 식당에서 Nancy가 만난 것은 바로 Tom이었다.

❸ **부사구 강조**
- It was **at the restaurant** that Nancy met Tom yesterday. (장소 강조)
  Nancy가 어제 Tom을 만난 것은 바로 그 식당에서이다.
- It was **yesterday** that Nancy met Tom at the restaurant. (날짜 강조)
  Nancy가 그 식당에서 Tom을 만난 것은 바로 어제이다.

★ 동사를 강조하고 싶은 경우: do/does/did + 동사원형

- She loves you.
  그녀는 너를 사랑해.
- She does <u>love</u> you.
  그녀는 너를 정말 사랑해.

Exercise 1 다음 문장에서 어떤 요소가 강조된 건지 찾고 해석하세요.

01 It was you that I missed.

02 It was her brother that I saw in the park.

03 It was in the bus that I lost my ring.

04 It was my mother that told me it was okay.

Exercise 2 다음 주어진 문장이 강조구문인지 진주어가주어 구문인지 구별하고 해석하세요.

01 It was silly that he ignored the warning signs.

02 It was my son that sang in front of the crowd.

03 It is you that always support me.

04 It was a funny story that made me laugh.

05 It is a lie that he can run fast.

Actual Test

❖ 강조 구문 실전 독해연습

Actual Exercise 1   다음 주어진 문장에서 강조구문을 주의해서 해석하세
요.

01   It is not talent but passion that leads you to success.

02   It is not the strongest of the species, nor the most intelligent,
but one most responsive to change that survives to the end.

03   It was when I got support across the board politically, from
Republicans as well as Democrats, that I knew I had done
the right thing.

04   It was just one important factor that the candidate appeared
to be a pleasant person.

pleasant
(a) 상냥한, 예의바른

Check up

B 병렬

문장에서 접속사(and, but 등)를 이용하여 단어와 단어, 구와 구, 절과 절을 늘어놓을 수 있는데 문법적인 성질이 맞아야 한다.

STEP 1 등위접속사에 의한 병치

❶ **명사에 의한 병치**
- Amy is a teacher, an artist and she sings. (x)
- Amy is a teacher, an artist and a singer. (o)
  Amy는 선생님이며, 예술가이며, 가수이다.

❷ **형용사에 의한 병치**
- Amy is pretty, smart and she has a lot of money. (x)
- Amy is pretty, smart and rich. (o)
  Amy는 예쁘면서, 똑똑하고, 부유하다.

❸ **부사에 의한 병치**
- She accepted the proposal well and happy. (x)
- She accepted the proposal well and happily. (o)
  그녀는 그 제안을 잘, 그리고 행복하게 받아들였다.

❹ **동사에 의한 병치**
- Bob likes playing the piano, but hating playing the guitar. (x)
- Bob likes playing the piano, but hates playing the guitar. (o)
  Bob은 피아노를 연주하는 것을 좋아하지만 기타를 연주하는 것은 싫어한다.

❺ **부정사에 의한 병치**
- To learn and practicing is both important to improve your ability. (x)
- To learn and to practice is both important to improve your ability. (o)
  배우고 연습하는 것은 둘 다 너의 능력을 향상시키기 위해 중요하다.

  ■ to 부정사가 병치될 때 뒤의 to는 생략할 수 있다.
- He expected to see her, (to) talk to her, and (to) spend time with her.
  그는 그녀를 보고, 그녀와 대화하고, 그녀와 함께 시간을 보내기를 기대했다.

! Check up

⑥ 동명사에 의한 병치

- He is interested in learning foreign languages and to meet people around the world. (x)
- He is interested in learning foreign languages and meeting people around the world. (o)
  그는 외국어를 배우고 전 세계 사람들을 만나는데 흥미가 있다.

⑦ 분사에 의한 병치

- Annoyed and as she was bothered, she yelled out of blue. (x)
- Annoyed and bothered, she yelled out of blue. (o)
  짜증나고 방해 받은, 그녀는 갑자기 소리쳤다.

⑧ 절에 의한 병치

- I watched a movie with exciting story and which kept me guessing. (x)
- I watched a movie which had an exciting story and which kept me guessing. (o)
  나는 흥분되는 이야기를 가지고 계속 나를 궁금하게 하는 영화 하나를 봤다.

Exercise 1 다음 주어진 문장의 병렬구조를 파악하고 해석하세요.

01 He is a son, a father and a husband.

02 She is beautiful, energetic and smart.

03 The work was skillfully and technically done.

04 She likes a person who is trustworthy and who always tries his best.

05 Upset and scared, she fainted.

06 He likes to cook for his mother and hear what she says about the food.

07 He is good at driving cars and fixing bicycles.

Check up

STEP 2   상관접속사에 의한 병치

❶ **not A But B에 의한 병치** (A가 아니라 B이다)
- She is not pretty but cute.
  그녀는 예쁜 것이 아니라 귀엽다.

❷ **both A and B에 의한 병치** (A와 B 둘 다)
- He always tries to spend time both caring his family and earning money.
  그는 항상 그의 가족을 돌보고 돈을 버는 데 시간을 쓰려고 노력한다.

❸ **not only A but also B에 의한 병치** (A뿐 아니라 B도)
- Not only was she sad, but she was also angry.
  그녀는 슬펐을 뿐 아니라, 또한 배고팠다.

❹ **either A or B에 의한 병치** (둘 중 하나)
- They will buy either a cake or a bottle of wine.
  그들은 케이크나 와인 한 병을 살 것이다.

❺ **neither A nor B에 의한 병치** (둘 다 아님)
- Neither Bill nor Ken is coming to the party.
  Bill이나 Ken 둘 다 파티에 오지 않을 것이다.

Exercise 1   다음 주어진 문장의 병렬구조를 파악하고 해석하세요.

01   Shakespeare was not a musician but a playwright.

02   He must be both a scientist and an artist.

03   Peter has not only a great interest but also respect for the old artist.

04   Either David will obey the manager or get fired.

05   He said that she was neither pretty nor charming.

Actual Test

❖ 병렬 실전 독해연습

Actual Exercise 1 다음 주어진 문장을 병렬구조에 유의하며 해석하세요.

01 Our brains impel us not only toward vices, but also toward virtues.

impel (v) 하게 하다

02 The secret of life is not to do what one likes, but to try to like what one has to do.

03 Love does not consist in gazing at each other, but looks outward together in the same direction.

04 I never did anything by accident, nor did any of my inventions come by accidents.

05 Volunteers aren't paid, not because they are worthless, but because they are priceless.

06 Wisdom enables us to take information and knowledge and use them to make good decisions.

07 He did not know the origin of my sufferings, and sought erroneous methods to remedy the incurable illness.

remedy (v) 치료하다

08 The heat is not only melting glaciers and sea ices; it's also shifting precipitation patterns and setting animals on the move.

precipitation (n) 강수, 강수량

09 The objects of satire are usually powerful and influential people or institutions such as those in religion, politics, or business.

satire (n) 풍자

Actual Exercise 1-1 다음 주어진 문장을 병렬구조에 유의하며 해석하세요.

01 The President's speech focused mostly on Latin America,
and in particular, it aimed at the drug problem in Columbia.

02 Criminal suspects also have a right to a trial that is decided by
a jury of twelve peers, that is, ordinary people just like them,
 instead of a judge.

suspect (n) 용의자
judge (n) 판사

03 Some modern writers believe that the deliberate concealment of
certain parts of the body originated not as a way of discouraging
sexual interests, but as a clever device for arousing it.

deliberate

(a)고의의, 의도적인

04 Creativity is thinking in ways that lead to original, practical and
meaningful solutions to problems or that generate new ideas
or forms of artistic expression.

05 The young woman wears a full-length white or pastel-colored
dress and is attended by fourteen friends and relatives who
serves as maids of honor and male escorts.

06 As an actor, director and teacher, he was destined to influence
and inspire the many who worked with him and under him or
who had the privilege of seeing him on the stage.

Actual Test

07 On a personal level, my mother finished only the fifth grade, was widowed in the heart of the depression and had six children very young to work.

08 They speak openly about their life at home, hopes for the future, how they got through the past year, and how they plan to honour the memory of their Wildlife Warrior.

09 He took out a picture from his drawer and kissed it with deep reverence, folded it meticulously in a white silk kerchief, and placed it inside his shirt next to his heart.

reverence (n) 존경
meticulously
(ad) 꼼꼼하게

Check up

C 도치구문

STEP 1 **부정어 도치:** 부정어 (not, no, none, little, few, hardly, etc)가 문장 맨 앞에 오면 뒤에 주어동사의 순서가 뒤바뀐다.

- Little did I think that he would leave the town.
  나는 그가 마을을 떠날 것이라고 거의 생각하지 못했다.
- Never have I heard of such a thing.
  난 그런 것을 들어본 적도 없다.

STEP 2 **only 부사구 도치:** 문장 맨 앞에 Only가 부사 (구, 절)과 함께 나오면 도치가 일어난다.

- Only then did she start to cry.
  바로 그때 그녀는 울기 시작했다.
- Only with a single trial could he achieve success.
  오직 단 한 번의 시도로 그는 성공을 성취할 수 있었다.
- Only when I met her did I hear the news.
  바로 내가 그녀를 만났을 때, 나는 그 소식을 들었다.

STEP 3 **장소부사구 도치:** 1형식 문장에서 장소 부사가 문장 맨 앞에 오면 도치가 일어난다.

- In the restaurant stands a cute doll.
  식당에 귀여운 인형 하나가 서있다.
- There are apples on the table.
  테이블 위에 사과들이 있다.

▌ 부정어 도치

Exercise 1 다음 주어진 문장을 해석하세요.

01 Little did I think that I would meet him.

02 Hardly is Chris seen at school.

03 Never have I seen such a clever girl.

▌ only 부사구 도치

Exercise 1 다음 주어진 문장을 해석하세요.

01 Only then did I realized how silly I was.

02 Only with great effort can a man succeed.

03 Only when he arrived at the airport did he realize he forgot to bring the passport.

▌ 장소부사구 도치

Exercise 1 다음 주어진 문장을 해석하세요.

01 In the store were several types of wine.

02 There are oranges in the basket.

03 On the platform was a woman in a black dress.

04 Under no circumstances should you leave here.

❖ 도치 실전 독해연습

Actual Exercise 1   다음 주어진 문장을 도치를 고려하여 해석하세요.

01   Placed 100 yards apart are tall towers.

02   Only by acknowledging them can you begin to get a clearer picture.

03   Hardly had the new recruits started training when they were sent into battle.

04   Few words are tainted by so much subtle nonsense and confusion as profit.

05   In the outback are huge sheep and cattle ranches called "stations."

outback
(n) (호주의) 오지
ranch
(n) (북미·호주의) 방목장

06   Under no circumstances can a customer's money be refunded.

07   So ridiculous did she look that everybody burst out laughing.

08   When he left his hometown thirty years ago, little did he dream that he could never see it again.

09   Blessed is the man who is too busy to worry in the day and too tired to lie awake at night.

Actual Test

10 No amateur can participate in the contest except that he is
    recommended by a previous prize winner.

11 Not only do children contribute to interactions, but in so doing,
    they affect their own developmental outcomes.

12 Only the combined efforts of all individuals can yield the beautiful
    music no single individual can ever hope to produce on his own.

13 Not until the dating years, when competition for boys becomes an
    issue, do women report being concerning with feminine behavior.

14 Not only did participants predict that the stock price of easily
    pronounceable companies would outperform the others, but
    they also predicted that the latter would go down, while the
    former would rise.

15 Only after some time and struggle does the student begin to
    develop the insights and intuitions that enable him to see
    the centrality and relevance of this mode of thinking.

! Check up
D 수의 일치

수일치라는 것은 주어의 인칭과 수에 따라 동사를 일치시켜주는 것을 말합니다.

주어가 단수(하나)거나 단수 취급될 경우, 동사의 현재형에 's'를 붙인다는 규칙을 먼저 배웠었죠?
여기서는 다양한 수일치의 예를 알아보겠습니다.

STEP 1   수일치 기본

Many	많은	+ 복수명사 + 복수동사
Many a	많은	+ 단수명사 + 단수동사
A number of	많은	+ 복수명사 + 복수동사
The number of	~의 수	+ 복수명사 + 단수동사
*The amount of	~의 양	+ 불가산명사 + 단수동사
*The percentage of	~의 퍼센트	+ 복수명사 또는 불가산명사 + 단수동사

- Many children **are** crazy about Pororo.
  많은 아이들이 뽀로로에 열광한다.

- Many a child **is** crazy about Pororo.
  많은 아이들이 뽀로로에 열광한다.

- A number of babies **are** crying in the same place.
  많은 아기들이 같은 장소에서 울고 있다.

- The number of babies **was** written wrongly.
  아기들의 숫자가 잘못 쓰였다.

STEP 2   부분명사

명사파트에서 배웠던 부분명사는 수일치와 아주 밀접한 관련이 있죠? 다시 복습하고 지나가겠습니다.
부분명사가 주어자리에 오고 바로 뒤에 'of + 명사'오면 우리는 부분명사가 아닌 of 뒤에
있는 명사에 수를 맞춰서 동사에 반영해주면 되겠습니다.

most / half / some / (A) part / the rest / 분수 / (A) percent	of 명사 + 동사 (바로 앞 명사에 수일치)

- Most of <u>them</u> **are** very valuable.
  많은 아기들이 같은 장소에서 울고 있다.

- Half of <u>the employees</u> **were** fired.
  직원들의 절반이 해고되었다.

Check up

STEP 3 상관접속사와 동사의 일치

both A and B (항상 복수) 와 B as well as A (B에 일치)를 제외하고
모두 동사 바로 앞의 명사에 수일치를 합니다.

- <u>Both Barbie and Ken</u> **hate** each other.
  Barbie와 Ken은 서로 싫어한다

- <u>You</u> as well as he **are** lazy.
  그 뿐만 아니라 너도 게으르다.

- Neither you nor <u>I</u> **was** chosen.
  너와 나 둘 다 선택 받지 못했다.

STEP 4 every, each, either, neither

every	+ 단수명사 + 단수동사
each	+ 단수명사 + 단수동사
each of	+ 복수명사 + 단수동사
either of	+ 복수명사 + 단수동사 (종종 복수동사)
neither of	+ 복수명사 + 단수동사 (종종 복수동사)

- Every student **was** seated silently.
  모든 학생들이 조용히 앉아 있었다.

- Each student **keeps** the secret paper.
  각각의 학생들은 비밀쪽지를 가지고 있다.

- Each of students **has** his or her own character.
  각각의 학생들은 자기 자신만의 성격을 가지고 있다.

- Either of the two children **is(are)** her daughter.
  두 명의 아이들 중 하나는 그녀의 딸이다.

- Neither of the two children **is(are)** her daughter.
  두 명의 아이들 둘 다 그녀의 딸이 아니다.

Check up

STEP 5 구와 절은 단수 취급

부정사나 동명사 또는 절이 주어로 쓰일 때는 단수 취급합니다.

- To contact him is very hard.
  그에게 연락하는 것은 매우 어렵다.

- Collecting coins was his hobby.
  동전을 모으는 것은 그의 취미다.

- What I need right now is his money.
  나에게 당장 필요한 것은 그의 돈이다.

What절 뒤에 복수동사가 나온 문장을 본 적이 있으신가요?

What they are going to buy are the books. (o)

What은 절이니깐 단수 취급이라고 생각했는데 복수동사가 나오면 당황할 수 있는 상황!!

이 경우는 사실 '보어 도치' 문장이라고 보셔야 됩니다.
원래 문장은 The books are what they are going to buy 에서 보어인 what절이
문두로 나가고 뒤에 도치가 일어난 것입니다.

Actual Test
❖ 실전 독해연습

Actual Exercise 1 다음 괄호 안에서 어법상 적적한 것을 고르고 해석하세요.

01 A number of students (is / are) studying very hard to get a job after their graduation.

02 Two thirds of my classmates (is / are) going to look for jobs after graduation.

03 At school districts across the country, the chief technology officers responsible for safeguarding student data (is / are) tearing their hair out.

04 He acknowledged that a number of Koreans (was / were) forced into labor under harsh conditions in some of the locations during the 1940's.

05 The number of people taking cruises (continues / continue) to rise and so does the number of complaints about cruise lines.

06 According to a recent report, the number of sugar that Americans consume (does / do) not vary significantly from year to year.

07 The number of women who (owns / own) guns (has / have) been rising rapidly over the past decade.

08 The number of new employees who (rquires / require) extensive training in customer service procedures (has / have) declined since the company changed employment agencies.

❖ 최종 기출 실전 독해연습

Actual Exercise 1 다음 주어진 문장을 분석하고 해석하세요.

01   The lecture series are intended for those who are not used
       to dealing with financial issues.

02   The humans who domesticated animals were the first to fall
       victim to the newly evolved germs.

03   Computers in the 60's used to be so huge that they took up a lot
       of space.

04   All he wanted was to sit with the paper until he could calm down
       and relax.

05   Environment-friendly plastic bags are safe to use since they
       decompose more readily in the soil.

decompose (n) 분해되다

06   Those candidates who had managed to ingratiate themselves
       were very likely to be offered a position.

ingratiate
(v) 환심을 사다,
비위를 맞추다

07   Although there was no indication that either side planned to
       resume full-scale hostilities, the killings escalated tensions.

indication (n) 조짐

hostilities 전투,교전

08   She was moving away from realistic copying of objects to things
       she perceived with her own eyes and mind.

copying (n) 복제, 모사

Actual Test

8

09 Obviously she needed wisdom to use the knowledge she had to make the right decisions to raise her family successfully.

10 Cooper is a private-security detective, one of many who patrol once prosperous enclaves like Palmer Woods.

patrol (v) 순찰하다
enclave
(n) 소수 민족 거주지

11 With such a diverse variety of economical appliances to choose from, it's important to decide what is best.

appliance (n) 가전 제품

12 The learning and knowledge that we have is at the least only little compared with that of which we are ignorant.

13 On the whole, we are currently growing at a rate that is using up the Earth's resources far faster than they can be sustainably replenished, so we are eating into the future.

replenish (v) 보충하다
eat into (v) 축내다

14 Cherries have anti-inflammatory compounds that can alleviate arthritis and gout, and new research now suggests they may also be the answer to a good night's sleep.

arthritis (n) 관절염
gout (n) 통풍

15 Science itself is not only morally neutral, that is, indifferent to the value of the ends for which the means are used; it is also totally unable to give any moral direction.

indifferent
(a) 치우치지 않는, 무관심한

16   This positivity had convinced the interviewers that such pleasant and socially skilled applicants would fit well into the workplace, and so should be offered a job.

         positivity (n) 적극성

17   Giving students opportunities to improve their work before handing it in also helps anxious children, as does providing clear, unambiguous instructions.

         unambiguous (a) 애매하지 않은

18   Some of the women were introduced to others who were in similar situations, and some of the women were left on their own to deal with their concerns.

19   By starting with generally accepted evidence, you establish rapport with your readers and assure them that the essay is firmly grounded in shared experience.

         rapport (n) 관계

20   It was reportedly estimated that this year's rice harvest would suffer a considerable decrease because of the unusually long spell of dry weather we have had in the southern areas.

         spell (n) 기간

Actual Test

21 If any country demands that some other country change its domestic policies, the former shall be condemned of interfering with another's domestic affairs.

22 They found that individuals who use the Internet more tend to decrease their communication with other family members and reduce the size of their social circle.

23 I am afraid I should write this e-mail to you concerning your recurrent late arrival at the work place because it has caused a discontent among your co-workers.

24 We seem to take it for granted that we have a society that can still manage to identify and tackle new problems, despite the current inability to allow for new ideas and concepts.

25 The middle-class Americans who chose to avoid the suburban lifestyle and live in the central city were most often those least depending on central-city government services.

condemn (v) 비난하다

concerning ~에 관한
recurrent (a) 반복되는

tackle (v) 다루다

Unit 8

8

특수구문

26　Scientists say the Philae space probe has gathered data supporting the theory that comets can serve as cosmic laboratories in which some of the essential elements for life are assembled.

cosmic (a) 우주의

27　Apart from railing against the enforced inertia of train journeys, people utter no panegyrics about the scenery through which they pass; they only have hideous tales to tell about fellow passengers.

rail (v) 격분하다
inertia (n) 무력감, 관성
utter (v) 말하다
panegyric
(n) 찬사, 칭찬하는 말

28　Biologists used to think that the immune system was a separate, independent part of our body, but recently they have found that our brain can affect our immune system.

29　The moral wisdom of the Black community is extremely useful in defying oppressive rules or standards of "law and order" that degrade Blacks.

defy (v) 저항하다
oppressive (a) 억압적인
degrade (v) 비하하다

30　Unable to do anything or go anywhere while my car was being repaired at my mechanic's garage, I suddenly came to the realization that I had become overly dependent on machines and gadgets.

gadget (n) 장치

Actual Test

31 Electric cars also are a key part of China's efforts to curb its unquenchable appetite for imported oil and gas, which communist leaders see as a strategic weakness.

unquenchable
(a) 채울 수 없는

32 If you are someone who is reserved, you tend to keep your feeling hidden and do not like to show other people what you really think.

reserved (a) 내성적인

33 If you're sharing a living space with someone suffering from mild depression, you're at risk of becoming progressively more depressed the longer you live with them.

34 When the Dalai Lama fled across the Himalayas into exile in the face of advancing Chinese troops, little did the youthful spiritual leader know that he might never see his Tibetan homeland again.

35 While the field of mind/body medicine has evolved
   significantly in the last fifty years, its basic premise remains
   straightforward: Maintaining good health requires that you
   attend to your mind as well as your body.

straightforward
(a) 간단한
attend to (v) 돌보다

36 Researchers at Carnegie Mellon University have found that
   individuals who spend even a few hours a week on-line
   experience higher levels of depression and loneliness than those
   who spend less or no time on the Internet.

37 The horrific criminal scenes which the terrorists left behind
   them were enough to divulge their truth and to show
   the suffering of Joubar citizens as everything in the
   neighborhood reflects the acts of terrorism.

divulge v) 폭로하다

38 The most important high-tech threat to privacy is the
   computer, which permits nimble feats of data manipulation,
   including retrieval and matching of records that were almost
   impossible with paper stored in file cabinets

nimble (a) 빠른, 민첩한
feat (n) 기술, 솜씨, 위업
manipulation (a) 조작
retrieval (n) 검색, 회수

39 The belief that the entire universe is made up of atoms, or some sort of fundamental particles, and that everything that happens in nature is just the rearrangement of these particles, has proved extraordinarily fruitful.

> **rearrangement**
> (n) 재배열

40 Although private police investigators and prosecutors have worked hard over the years to crack down on the illegal transfer of confidential corporation information, it has been difficult to cramp down on industrial espionage and apprehend those responsible.

> **prosecutor** (n) 검찰관
> **transfer** (n) 이전
> **confidential** (a) 기밀의
> **espionage** (n) 스파이 행위

41 Any manager of a group that wants to achieve a meaningful level of acceptance and commitment to a planned change must present the rationale for the contemplated change as clear as possible and provide opportunities for discussion to clarify consequences for those who will be affected by the change.

> **contemplate**
> (v) 숙고하다, 예상하다
> **consequence** (n) 결과

42 Eli Broad, the billionaire financier and philanthropist, whose private collection of some 2,000 works of modern and contemporary art is one of the most sought-after by museums nationwide, has decided to retain permanent control of his works in an independent foundation that makes loans to museums rather than give any of the art away.

philanthropist (n) 자선가
sought-after (a) 인기가 많은

43 In the late spring of 1983, when John Updike's reputation as a writer had reached a pinnacle with Rabbit Is Rich (which won all three major book awards and earned him a second Time cover), a journalist named William Ecenbarger wanted to write about the relationship between Updike's fiction and the geography of Berks County, Pennsylvania—what Updike called, with possessive emphasis, "my home turf.

reputation (n) 명성
possessive (n) 소유욕

매주 초 개강
4회 완성 오프라인 공무원 영어!

교재	이선미 공무원 영어 끝판왕 2800제 (교재 현장구매 가능)
기간	매월 첫째 주 토(일) 시작 3시간씩 4회 완성
비용	~~20만원~~ -> 18만원
장소	송파역 인근

(조교 진행)

필수 영단어 3000개
스터디 무료 참여

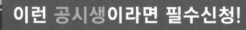

이런 공시생이라면 필수신청!

공무원 영어 공부 방법을 모르겠다

단어를 알아도 해석이 안 된다

공부를 해도 성적이 안 오른다

노베이스다

이선미 공무원 영어

끝판왕 2800제

정답과 해설
& 부록

정답 및 해설

부록

+ 불규칙 동사 변환표

+ to부정사와 동명사를 목적어로 하는 동사

Unit 1 1단계: 단어와 문장의 이해

A 단어와 구, 절의 구분

Exercise 1) 다음 밑줄 친 부분이 단어, 구, 절 중 어떤 것인지 구별하세요.

1. 절
2. 단어
3. 구
4. 절
5. 단어, 절

Exercise 1-1) 다음 밑줄 친 부분이 단어, 구, 절 중 어떤 것인지 구별하세요.

1. 단어
2. 구
3. 절
4. 구
5. 단어

B 문장을 구성하는 단어의 종류

Exercise 1) 다음 제시된 단어의 종류를 하나만 쓰세요.

1. 형용사
2. 동사
3. 형용사
4. 형용사
5. 부사
6. 형용사
7. 부사
8. 명사
9. 명사
10. 동사

Exercise 1-1) 다음 제시된 단어의 종류를 하나만 쓰세요

1. 형용사
2. 형용사
3. 동사
4. 명사
5. 형용사
6. 명사
7. 형용사
8. 명사
9. 명사
10. 형용사

C 문장의 종류

Exercise 1) 다음 주어진 문장의 형식을 확인하고 해석하세요.

1. 3형식 (나는 새 한 마리를 보았다.)
2. 1형식 (잎사귀들이 떨어졌다.)
3. 2형식 (그 아이는 키가 크다.)
4. 2형식 (그는 군인이다.)
5. 2형식 (그 빌딩은 독특해 보인다.)
6. 4형식 (나는 그녀에게 새 손목시계를 사주었다.)
7. 5형식 (그 엄마는 그녀의 아기를 Paul이라고 이름 붙였다.)
8. 5형식 (나는 그녀가 약하다고 생각한다.)
9. 3형식 (그녀는 그녀의 방을 치웠다.)
10. 4형식 (나는 그들에게 쿠키를 주었다.)
11. 3형식 (나는 책 한 권을 샀다.)
12. 4형식 (나는 그녀에게 책 한 권을 사주었다.)
13. 4형식 (그녀는 나에게 이메일을 써주었다.)
14. 5형식 (그들은 그 선생님을 행복하게 만들었다.)

Exercise 1-1) 다음 주어진 문장의 형식을 확인하고 해석하세요.

1. 3형식 (그 거인은 저녁식사로 곤충을 먹는다.)
2. 3형식 (오늘 나는 카페에서 맛있는 케이크를 먹었다.)
3. 3형식 (나는 여전히 나이 오래된 차를 사랑한다.)
4. 3형식 (나는 은행 앞에서 그를 만났다.)
5. 5형식 (나는 실수로 그녀를 Dana라고 불렀다.)
6. 1형식 (많은 연필들이 책상 위에 있다.)
7. 2형식 (그 실험의 결과가 비밀로 남겨졌다.)
8. 3형식 (다른 문화들이 다양한 형태의 인사법을 가진다.)

9. 1형식 (그는 나무를 향해 빠르게 달렸다.)
10. 1형식 (태양은 항상 동쪽에서 뜬다.)
11. 2형식 (테이블 밑에 있는 고양이는 귀여워 보인다.)
12. 2형식 (그녀는 쉽게 잠든다.)

Exercise 1-2) 다음 주어진 문장의 형식을 확인하고 해석하세요.

1. 3형식 (그들은 그녀에게 충분한 물을 제공했다.)
2. 4형식 (그 노인은 나에게 무서운 이야기를 들려주었다.)
3. 3형식 (민수는 집에서 여자 형제와 함께 기타를 연주했다.)
4. 2형식 (그는 그 사고 때문에 진짜 화나게 되었다.)
5. 2형식 (어제 나는 진짜 취했다.)
6. 3형식 (그는 항상 나에게 거짓말을 한다.)
7. 2형식 (테이블 위에 있는 사과는 썩게 됐다.)
8. 2형식 (그 계획은 매우 재밌는 것처럼 들린다.)
9. 3형식 (그는 그녀와 외국을 결코 방문한 적이 없다.)
10. 2형식 (그 우물은 여름마다 마른다.)

p10

Exercise 2) 주어진 단어를 참고하여 영작하세요.
(예시 답안입니다.)

1. We ate fresh bread this morning.
2. Salt makes food salty.
3. She called you several times today.
4. Money does not always bring happiness.
5. The politician looks unpretentious.

Exercise 2-1) 주어진 단어를 참고하여 영작하세요.
(예시 답안입니다.)

1. The event made him compliant.
2. I showed him (my) honesty.
3. He made his daughter a doctor.
4. She made her son a paper airplane.
5. The Earth revolves around the Sun.
6. This curry smells good.

p11

◆ **문장의 형식 실전 독해연습**

Actual Exercise 1) 다음 문장의 형식을 확인하고 해석하세요.

1. 2형식 (어떤 수생식물들은 물에 뜬 상태로 있다.)
2. 5형식 (그 왕은 그의 제국을 안정되게 만들었다.)
3. 1형식 (Susan은 매일 오후에 짧은 낮잠을 자기 위해 눕는다.)
4. 2형식 (그들의 불평사항들은 나에게 타당하게 들린다.)
5. 1형식 (돌고래들의 죽음은 1990년과 2000년 사이에 80퍼센트 이상까지 감소했다.)
6. 5형식 (그 실험의 결과들은 내 모든 노력들을 가치 있게 만들었다.)
7. 3형식 (나는 너무 많은 시간의 힘든 일은 나를 정말 피곤하게 했다.)
8. 1형식 (중국의 러시아산 석유 수입이 2014년에 36퍼센트까지 급등했다.)
9. 1형식 (그녀의 발자국 소리는 저 멀리로 희미해졌다.)
10. 2형식 (만년필은 약 백 년 전에 처음으로 상업적으로 활용 가능하게 되었다.)
11. 1형식 (그 조약에 대한 불일치가 아프리카 토착민들 사이에서 생겨났다.)
12. 1형식 (어린 소녀에서 성숙한 여성이 되는 통과의 가장 큰 기념 축제 중 하나가 라틴 아메리카와 라틴 아메리카계 문화에서 일어난다.)
13. 5형식 (그 성공한 여성 사업가는 자신이 하위 중산층에 대한 편견을 버릴 수 없다는 것을 깨닫는다.)

Unit 2   2단계: 구 (준동사)
A   종류에 따른 준동사의 분류
STEP 1   to부정사
15P

■ **to 부정사의 명사적 용법**

Exercise 1) to부정사의 명사적 용법에 유의하며 다음 주어진 문장을 해석하세요.

1. 10 킬로미터를 뛴다는 것은 매우 어렵다.
2. 그녀는 경기 밖으로 나가 있기를 택했다.
3. 내 결정은 집에 있으면서 공부를 하는 것이었다.
4. Jim은 쓰레기를 버리기로 결심했다.
5. 롤러코스터를 타는 것은 즐겁다.

Exercise 2) 주어진 단어 중 적절한 것을 골라 형태를 알맞게 바꾼 후 빈칸을 완성하세요.
■ 주어
1. To become
2. to have
■ 목적어
1. to become
2. to return
■ 보어
1. to go
2. to raise

Exercise 3) 주어진 문장을 (진주어 / 가주어) 구문으로 바꾸어 쓰세요.
1. It is very tiring to swim in the ocean.
2. It was almost impossible to make a 5 -meter-tall snowman.
3. It is not a good idea to stay up all night.
4. It is fun to sing in the bath tub.

Exercise 4) 주어진 단어를 활용하고 to부정사를 이용하여 영작하세요.
1. To go hiking in the mountains is fun.
2. To sleep at home is comfortable.
3. My goal is to be a police officer.
4. To wake up at 5 in the morning every day is difficult.
5. To eat a lot makes me happy.

p17
Exercise 4-1) 주어진 단어를 활용하고 to부정사를 이용하여 영작하세요.

1. My hobby is to collect stamps.
2. To be late for school is not good for my grades.
3. I always wanted to watch the original airing.
4. To propose to her is to be courageous.
5. To become a parent is related to responsibility.

p18
■ to 부정사의 형용사적 용법
Exercise 1) 다음 밑줄 친 부분의 역할을 확인하고 해석하세요.
1. 그녀는 읽을 책을 찾고 있었다.
2. 내가 어릴 때, 나는 함께 놀아줄 사람이 필요했다.
3. 나는 오늘 밤에 끝내야 할 숙제가 있다.
4. 냉장고 안에 먹을 많은 음식들이 있다.
5. 나는 뭔가 이상하면서도 내 친구들을 당황시킬 무언가를 만들었다.

p19
Exercise 2) 괄호 안에 주어진 단어를 바르게 배열하여 문장을 완성하세요.
1. bring a pen to write with
2. a list of things to buy
3. a movie to watch this weekend
4. some prankful questions to ask him.
5. numerous interesting stories to tell the students.

Exercise 3) 다음 주어진 문장에서 부족한 부분이 있으면 채워 넣고 해석하세요.
1. She brought a blanket to cover the bed <u>with</u>. (그녀는 침대를 덮을 수 있는 담요를 가져왔다.)
2. I was looking for someone to eat <u>with</u>. (나는 같이 먹을 사람을 찾고 있었다.)
3. X (나의 엄마는 저녁으로 먹을 수 있는 음식을 방금 사셨다.)
4. X (그는 너무 늦기 바로 전까지 해야 할 숙제를 무시했다.)

5. The daycare center received children to look
under. (그 어린이 집은 돌보아줄 아이를 받았다.)

**Exercise 3-1) 다음 주어진 문장에서 부족한 부분이
있으면 채워 넣고 해석하세요.**
1. I forgot to bring a crayon to write with. (나는
가지고 쓸 크레용을 가져온다는 것을 잊었다.)
2. It is clear that the birds don't have a place to
rest in. (새들이 쉴 곳이 없다는 것은 분명하다.)
3. He wants a partner to dance with. (그는 같이
춤을 출 파트너를 원한다.)
4. Jim has an assignment to hand in before mid-
night. (Jim은 자정 전에 제출해야 할 과제가 있다.)
5. X (우리의 새로운 집을 위해 사야 할 것들이 있다.)

**Exercise 4) 주어진 단어를 활용하고 to부정사를 이
용하여 영작하세요. (예시 답안입니다.)**
1. He imagined a girl to meet on a blind date.
2. I will choose a movie to watch tonight.
3. He has nothing to eat for all day.
4. He gave me a comfortable pillow to sleep on.

p21
▌ to 부정사의 부사적 용법
**Exercise 1) to부정사의 부사적 용법에 유의하며 다
음 주어진 문장을 해석하세요.**
1. 그녀는 일어나서 학교에 갔다.
2. 그는 더 높은 점수를 받기 위해 열심히 공부한다.
3. 재훈은 그의 개를 잃게 되어 슬펐다.
4. 나는 갈등을 방지하기 위해 그녀를 피하고 있었다.
5. 나는 내일 아침 5시에 일어나기 위해 일찍 자야 했
다.
6. 그는 커서 유명한 야구선수가 되었다.
7. 그는 그의 친구들과 놀기 위해 그의 방을 청소했다.
8. 나의 엄마는 그릇들이 이미 닦여 있다는 것을 보게
되어 놀라셨다.
9. 그녀는 버스를 잡기위해 속도를 올렸다.
10. 그는 그의 손님들을 기쁘게 하기 위해서 맛있는 음

식들을 준비했다.

**Exercise 1-1) to부정사의 부사적 용법에 유의하며
다음 주어진 문장을 해석하세요.**
1. 그들은 환불을 받기 위해 항의를 제기해야 한다.
2. 그는 대회에서 이기기 위해 매일 연습하였다.
3. 그녀는 커서 전문적인 권투선수가 되었다.
4. 그녀는 대통령을 만나서 초조해했다.
5. 그는 시끄러운 도시를 벗어나기 위해 휴가를 떠났
다.
6. 나는 무료 자동차를 받을 기회를 놓쳐서 슬펐다.
7. 그는 대학에 입학하기 위해 지원서를 보냈다.
8. 나의 남자형제는 커서 유명한 변호사가 되었다.
9. 나는 오래 떨어져 있던 내 쌍둥이 형제를 마침내 보
게 되어 매우 신이 났다.
10. 많이 먹기 위해, 나는 뷔페에 갈 것이다.

p23
▌ to 부정사 종합 문제
**Exercise 1) 다음 주어진 문장에서 밑줄 친 to부정
사의 용법을 구별하세요.**
1. 부사적 용법
2. 부사적 용법
3. 명사적 용법(진주어)
4. 형용사적 용법
5. 형용사적 용법
6. 부사적 용법
7. 부사적 용법
8. 부사적 용법
9. 명사적 용법(주어)
10. 부사적 용법

**Exercise 1-1) 다음 주어진 문장에서 밑줄 친 to부
정사의 용법을 구별하세요.**
1. 명사적 용법 (목적어)
2. 명사적 용법 (주어)
3. 명사적 용법 (보어)
4. 명사적 용법 (주어)

5. 명사적 용법 (보어)

6. 형용사적 용법

7. 형용사적 용법

8. 부사적 용법

9. 부사적 용법

10. 부사적 용법

STEP 2 동명사
p24
Exercise 1) 다음 문장을 문법에 맞게 고치세요.

1. Write → To write(Writing)

2. Take → To take(Taking)

3. earn → to earn(earning)

4. Stay → To stay(Staying)

5. prepare → to prepare(preparing)

6. ride → to ride(riding)

7. hike → to hike(hiking)

8. give up → not to give(not giving up)

9. prepare → preparing

10. delay → to delay(delaying)

Exercise 2) 주어진 단어 중 적절한 것을 골라 형태를 알맞게 바꾼 후 빈칸을 채우세요.

■ 주어

1. To eat(Eating)

2. To play(Playing)

■ 보어

1. to live(living)

2. to go(going)

■ 목적어

1. to take(taking)

2. fishing

■ 전치사구

1. competing

2. lying

Exercise 3) 다음 주어진 단어를 참고로 하여 영작하세요. (예시 답안입니다.)

1. Reading(To read) books is fun.

2. Taking(To take) the subway is common.

3. Studying(To study) all night is not easy.

4. Watching(To watch) Korean TV programs became famous in Southeast Asia.

5. Sleeping(To sleep) sound makes you refreshed.

6. Making(To make) a good friend is always a good thing.

STEP 3 분사
p28
Exercise 1) 다음 주어진 한글에 맞게 영어로 적으세요.

1. a studying boy

2. a boy studying in the library

3. blowing wind

4. wind blowing from the east

Exercise 1-1) 다음 주어진 한글에 맞게 영어로 적으세요.

1. a broken glass

2. a glass broken by a ball

3. a locked door

4. a door locked by a key

Exercise 2) 괄호 안에서 어법에 맞는 표현을 고른 후, 문장을 해석하세요.

1. broken (나는 그 고장 난 라디오를 고칠 수 없었다.)

2. steamed (그 찐 요리는 정말 맛있어 보인다.)

3. locked (그 잠긴 문을 열기 위해 그들은 시간이 오래 걸렸다.)

4. cheering (그 환호하는 팬들은 가수들이 더 노래를 잘하게 만들었다.)

5. floating (호수 위에 떠있는 장미 꽃들은 아름답게 보였다.)

6. tired (그 요리사는 정말 피곤해 보인다. 그녀는 계속 재료들을 떨어트린다.)

7. tiring (그 운동은 정말 힘든가 보다. 그 남자는 한 세트를 하고 나서 정말 지쳐있다.)

8. touched (그는 감정적인 이야기를 듣고 나서 감동 받았다.)

9. tempting (그 초콜릿은 아이들에게 유혹적이었다.)

10. tempted (그는 그 초콜릿에 유혹된 것처럼 보였다.)

Exercise 2-1) 괄호 안에서 어법에 맞는 표현을 고른 후, 문장을 해석하세요.

1. threatening (그 위협적인 소식들은 국가 간의 문제들을 일으켰다.)

2. mesmerizing (그 사람들의 혼을 빼놓는 사진은 퓰리처 상을 받았다.)

3. living (나무 꼭대기에 사는 남자를 보는 것은 흥미로웠다.)

4. excited (그 신이 난 관중은 위험하게 변하고 있었다.)

5. left (나의 개는 냉장고가 열려있었다는 것을 알았고 곧 모든 음식들을 먹었다.)

6. using (스마트폰을 쓰는 사람들의 수가 최고치에 있다.)

7. prepared (Tim은 그의 짐들을 다 쌌기 때문에 준비가 되어있다.)

8. spreading out, taken (그 루머를 퍼뜨리는 여자는 유치장에 보내졌다.)

9. burned (우리는 밑부분이 탄 고기를 버렸다.)

10. closed (휴일동안 닫혀 있던 모든 상점들은 다시 장사를 시작하였다.)

p33

Exercise 3) 밑줄 친 부분을 어법에 맞게 고치세요.

1. studying
2. broken
3. sitting
4. growing
5. standing
6. waiting
7. working

8. delayed

Exercise 3-1) 밑줄 친 부분을 어법에 맞게 고치세요.

1. dancing
2. filled
3. Cooked
4. carried
5. made
6. living
7. frightening
8. sitting

Exercise 4) 다음 문장에서 어법에 맞지 않는 부분을 고치세요.

1. broke → broken
2. live → living
3. read → reading
4. excite → excited
5. prepare → prepared
6. bored → boring
7. scold → scolded
8. boring → bored
9. excite → exciting

p35

◆ **분사 실전 독해연습**

Actual Exercise 1) 다음 주어진 문장에서 사용된 분사를 확인하고 해석하세요.

1. occurring, found (납은 지구 지각에서 발견되는 자연적으로 발생하는 독성 금속이다.)

2. increasing (고지방 음식은 증가하는 비만율의 한 원인이다.)

3. facing (지난 몇 년 간, 호텔 투숙객들에게 직면하는 도덕적 딜레마는 변해왔다.)

4. proven (매일 하는 명상은 매우 위험한 정신적 무기력의 증명된 치료법이다.)

5. named (샌드위치는 샌드위치라고 불리는 사람의

이름을 따서 지어졌다.)

6. surrounded (그 나라는 국토의 3/4이 바다로 둘러싸여 있는 소국이다.)

7. damaged (산호는 어망에 의해 점차적으로 훼손되는 생태계의 근간이다.)

8. leading (그는 지난 10년 동안 UN의 다양한 기관에서 주도적인 역할을 해왔다.)

9. surrounding (그 실패는 치명적인 우주왕복선 참사의 원인들을 둘러싼 문제에 대한 연상이다.)

B 준동사 역할에 따른 분류
p35

STEP 1 명사적 용법
Exercise 1) 다음 밑줄 친 부분을 어법에 맞게 고쳐 쓰세요.

1. to keep
2. to wake
3. to have
4. eating
5. to turn(tuning)
6. dancing
7. planting
8. to take
9. having
10. teasing

Exercise 1-1) 다음 밑줄 친 부분을 어법에 맞게 고쳐 쓰세요.

1. to eat(eating)
2. to teach(teaching)
3. cleaning
4. to wash
5. to watch
6. to confirm(confirming)
7. thinking
8. To taking(Taking)
9. to walk(walking)
10. writing

Exercise 2) 다음 밑줄 친 부분을 어법에 맞게 고쳐 쓰세요.

1. reading
2. To eat(Eating)
3. To prepare(Preparing)
4. swimming
5. to watch
6. to ride(riding)
7. to wake
8. to get
9. to wake(waking)
10. to catch

STEP 2 형용사적 용법
p38

Exercise 1) 다음 주어진 한글에 맞게 영어로 적으세요.

1. a crying boy
2. a boy to cry
3. a man driving a car
4. a man to drive a car
5. a woman holding a bag
6. a sent letter
7. a letter to be sent

Exercise 1-1) 다음 주어진 한글에 맞게 영어로 적으세요.

1. a running puppy
2. a puppy to run
3. a baby drinking milk
4. a baby to drink milk
5. falling leaves
6. leaves to fall

p38

■ 준동사 종합문제

Exercise 1) 다음 밑줄 친 단어를 어법에 맞게 고치세요.

1. To watch(Watching)

2. to wash

3. sent

4. To eat(Eating)

5. to brush

6. cooked

7. sitting

8. jogging

9. To lose(Losing)

10. damaged

11. reaching

12. playing

Exercise 1-1) 다음 밑줄 친 단어를 어법에 맞게 고치세요.

1. doing

2. To study(Studying)

3. holding

4. fighting

5. running

6. to quit

7. weaved

8. made

9. freeing

10. named

11. walking

12. pleading

p40

◆ 준동사 실전 독해연습

Actual Exercise 1) 다음 주어진 문장에서 쓰인 준동사에 유의하며 해석하세요.

1. 그 등대는 밤에 보트들을 안내하기 위해 건설되었다.

2. "내성적인" 은 부끄럼이 많고 말수가 적다는 것을 뜻한다.

3. 그는 그의 직업을 잃는 것에 기뻐 보였다.

4. 부모가 된다는 것은 많은 책임감을 필요로 한다.

5. 나는 적게 말하고 항상 혼자 노는 부끄럼 많은 소년이었다.

6. 10,000개의 조각들로 나뉘어진 그 퍼즐은 Tom과 Tim에게 도전이었다.

7. 우리에게 주어진 설명들이 분명하지 않았기 때문에 그 숙제를 하기가 어려웠다.

8. 그 커플은 영화를 제 시간에 보기 위해 가능한 한 빠른 속도로 뛰었다.

9. 어린 아이들을 데리고 있는 부모님들은 그들 스스로 레저시간을 즐긴다고 보기 어려웠다.

10. 그 토네이도는 집들을 무너뜨리는 것을 멈추고 마을에 도달하기 전에 소멸되었다.

Actual Exercise 2) 다음 주어진 문장에서 쓰인 준동사에 유의하며 해석하세요.

1. 우리는 다음 가족을 위해 집 전부를 청소하기로 계획한다.

2. 방에서 제거된 그 옷장은 작동하는 기계에게 더 많은 자리를 주었다.

3. 도시를 떠나는 자동차들의 수는 고속도로에 교통체증을 불러왔다.

4. 다른 사람들의 대화를 엿듣는 것은 무례하다고 여겨진다.

5. 세계 보건 기구는 널리 퍼진 유행병들이 더욱 심해지는 것을 막기 위해 현재 일하고 있다.

6. 자신들의 돈을 비축해 놓고 있는 소수의 부자들이 많은 가난한 나라들에서 발견된다.

7. 나는 벌써 너에게 버스 정거장으로 가는 방향을 말해 주었다.

8. 어려울 때에 긍정적인 생각을 가지고 있는 것은 모두에게 주어지지 않은 귀중한 특성이다.

9. 현재 한국에서는 스마트폰을 사용하지 않는 사람을 만나기가 정말 드물다.

10. 좋은 지도자의 필수조건 중 하나는 일반 사람들이들이 하고 싶어하는 말을 듣기 위해 그들과 어우러지는 것이다.

Actual Exercise 3) 다음 주어진 문장에서 쓰인 준동사에 유의하며 해석하세요.

1. 나의 가장 친한 친구는 나에게 내가 가장 좋아하는

영화배우의 사인이 있는 선물을 주었다.

2. 이 날씨에 수영을 하는 것은 냉동고에서 목욕을 하는 것 같을 것이다.

3. 왼손으로 써야 하는 것은 Tim을 신경 쓰이게 한다.

4. 잔디를 깎고 있는 그 남자는 또한 머리에서 맴도는 노래를 하고 있었다.

5. 멸종위기의 종들을 보존하는 것은 기적이었다.

6. 사고는 경쟁 회사에게 혜택을 주기 위해 고의적으로 발생했다.

7. 너는 이제 어른이기 때문에, 이것은 네가 할 선택이다.

8. 사막을 정처 없이 거닐고 있는 그 남자는 버려진 트럭을 우연히 발견하였다.

9. 도시 전체는 정전 다음에 지진을 느꼈다.

10. 무대에서 공연하는 그 음악가는 연주자들의 갑작스러운 변경으로 즉석에서 연주하여야 했다.

Actual Exercise 4) 다음 주어진 문장에서 쓰인 준동사에 유의하며 해석하세요.

1. 먹을 식물이 없으면, 동물들은 그들의 서식지를 떠나야 한다.

2. 회의가 시작하기 전에 그 문제를 해결할 방법을 찾는 것은 중요하다.

3. 어떤 교수의 스타일에 적응하는 데는 항상 시간이 좀 걸린다.

4. 일찍 시작하는 것은 모든 언어에 있어서 더 나은 유창함에 적용된다.

5. 놀이터에서 놀고 있는 어린이들은 거의 저녁시간에 가까웠기 때문에 배가 고팠다.

6. 한 매우 중요한 요인은 정확한 시간에 소스를 끓는 물에 떨어뜨리는 것이다.

7. 뉴턴은 수학, 광학, 그리고 기계 물리학에 전례 없는 기여를 했다.

8. 유독성 물질을 포함한 컴퓨터들을 제조하는 기업들은 그것들의 처리를 준비해야 한다.

9. 고대 상어의 아가미를 지탱한 뼈대는 현대 상어의 것과 완전히 다르다.

10. 무역 박람회의 출품자들은 관심을 불러일으키기 위해 무료 견본품을 배부한다.

11. 장수에 영향을 미치는 몇몇 요인들은 태어날 때 정해지지만, 놀랍게도, 많은 다른 것들은 변할 수 있는 요소들이다.

12. 의사, 과학자, 그리고 공중위생 전문가들은 길고 건강한 삶의 비밀을 풀기 위해 이 지역으로 종종 여행한다.

Actual Exercise 5) 다음 주어진 문장에서 쓰인 준동사에 유의하며 해석하세요.

1. 노련한 판매원들은 적극적인 것과 지나치게 밀어붙이는 것 사이에는 차이가 있다고 주장한다.

2. 학교는 어린이들의 과다한 TV시청을 막기 위한 프로그램을 시작할 것이다.

3. 상속세를 회피하기 위해, 그 남자는 은퇴하자마자 그의 재산 대부분을 그의 외아들에게 양도했다.

4. 야당 대표들은 수상의 사퇴를 강요하는 노력을 계속하기로 약속했다.

5. 대부분의 사람들은 윤리적인 것이 공정하고 합리적이면서 탐욕스럽지 않은 것을 의미한다고 인정한다.

6. 일부 주에서 제정된 개혁들은 이미 발효됐지만, 다른 주에서는 개혁 법률이 보류되었다.

7. 그 가족이 마주하는 문제 중 하나는 아이들의 학교 교육을 어떻게 할 것인지였을 것이다.

8. 기업들의 자유 경쟁과 창의성을 제한하는 불합리한 규제들은 철저하게 조사되어야 한다.

9. 반항적인 10대와 마주한 이민자 엄마는 그녀가 모국어를 사용할 때 반항과 화술에 대응할 능력이 더 클지도 모른다.

10. 생명이나 안전, 혹은 건물의 에너지 효율 등급과 같이 기술적이고 산업적인 발전을 목표로 하는 것들과 관련된 규제들은 유지되어야 한다.

11. 만약 당신이 복잡한 문제에 직면해 있다면, 그것을 많은 간단한 문제들로 잘게 자르고 나서 그것들을 하나씩 해치우는 것에 매우 구미가 당길 것이다.

12. 요즘에는, 호텔 방에서 수건을 없앨지에 대한 질문이 그들의 숙박기간 동안에 수건을 재사용할지에 대한 질문으로 대체되어 왔다.

13. 1970년대 중반에, John Holland라는 미국의 컴퓨터 과학자는 과학계에서 악명 높게 어려운 문제들을 풀기 위해 진화론을 활용하는 방안을 생각해냈다.

Unit 3 3단계: 절

STEP 1 명사절을 이끄는 접속사

p48

Exercise 1) 주어진 두 개의 접속사 중에서 올바른 것을 고르세요.

■ 주어
1. That
2. Whether
3. What

■ 보어
1. that
2. that

■ 목적어
1. what
2. what

Exercise 1-1) 주어진 두 개의 접속사 중에서 올바른 것을 고르세요.

■ 주어
1. That
2. What

■ 보어
1. what
2. that

■ 목적어
1. that
2. whether

p49

Exercise 1-2) 주어진 두 개의 접속사 중에서 올바른 것을 고르세요.

■ 주어
1. What
2. Why
3. How

■ 보어
1. how
2. where

■ 목적어
1. that
2. which
3. what

Exercise 1-2) 주어진 두 개의 접속사 중에서 올바른 것을 고르세요.

■ 주어
1. Where
2. Who

■ 보어
1. which
2. what

■ 목적어
1. when
2. how

Exercise 2) 다음 주어진 문장에 맞게 영작하세요. (예시 답안입니다.)

1. Where I bought the computer is important to my little sister.
2. How I knew his secret is important to my friend.
3. How often I swim is important to my mother.
4. The truth is that Daniel is his father.
5. That Daniel is his father is the truth.

Exercise 2-1) 다음 주어진 문장에 맞게 영작하세요. (예시 답안입니다.)

1. I hope that he will be skinny soon.
2. The fact is that he did not read the book.
3. I don't know why he thinks I am lying.
4. My mother told me that love is important.
5. What I want to know is whether he can run fast enough.

Exercise 3) 다음 문장에서 괄호 안에 알맞은 표현을 고르세요.

1. Whether

2. which

3. if

4. when

5. What

6. which

7. Whether

8. that

9. what

10. How

Exercise 4) 다음 빈칸에 적절한 접속사를 적으세요.

1. what

2. that

3. that

4. that

5. that

6. what

7. why

8. whether(if), where, how

9. which

10. that

11. that

p53

◆ 명사절을 이끄는 접속사 실전 독해연습

Actual Exercise 1) 다음 문장에 쓰인 명사절을 확인하고 해석하세요.

1. 그 음식들은 또한 어떻게 당신의 뇌가 일들을 처리하는 지에도 영향을 미칠지도 모른다.

2. 누구도 학생들이 얼마나 많은 가방을 가지고 탑승할지 모른다.

3. 사람들은 슈퍼푸드가 외국산이며 해외에서 수입되어야 한다고 생각하는 경향이 있다.

4. 그녀는 그에게 근로자들이 얼마나 부당하게 대우받는지를 설명했다.

5. 더욱 놀라운 것은 울퉁불퉁하고 비틀린 나무들이 바위에서 자라난다는 것이다

6. 21세기 말까지 과학이 얼마나 발전할지 아는 것은

불가능하다.

7. 텔레비전 프로그램의 불변의 법칙 중 하나는 낮은 시청률은 반드시 폐지로 이어진다는 것이다.

8. 우리가 자연에 대해 정보로 받아들이는 것의 4분의 3은 눈을 통해 우리 뇌로 들어온다.

9. 경영진은 그들이 파산하게 될 위험이 있는지를 확인하기 위해 총부채상환비율을 추산해야 한다.

10. 이러한 발견은 정서적인 요인들과 질병 간에 연관성이 있을지도 모른다는 것을 암시한다.

11. 우리가 다양한 질병에 걸릴 가능성이 있는지는 우리의 면역 체계가 얼마나 잘 작용하는지에 달려있다.

12. 한 연구에서 학생들은 가능한 한 정확하게 그들의 학위 논문을 언제 제출할 것인지를 예측하도록 요청 받았다.

STEP 2 형용사절을 이끄는 접속사
p55

Exercise 1) 다음 문장에 쓰인 명사절을 확인하고 해석하세요.

1. James는 어젯밤 무대 위에서 노래를 부른 남자이다.

2. 나는 맛있는 파스타를 파는 레스토랑을 안다.

3. 나는 그가 작년에 내게 써준 편지를 읽고 싶다.

4. 한 부유한 여자는 Shakespeare에 의해 쓰여진 책을 샀다.

5. 나는 화가가 되길 원하는 소녀를 도울 것이다.

6. <Sound>는 내가 가장 좋아하는 소설이다.

7. 그녀는 그녀의 남편이 만든 샐러드를 먹었다.

8. 그는 낮잠자기를 좋아하는 소녀를 사랑한다.

9. 나는 머리가 빨간 좋은 친구가 있다.

10. Tony는 이름이 Alice인 여자와 데이트 중이다.

Exercise 1-1) 다음 문장에 쓰인 명사절을 확인하고 해석하세요.

1. 그녀는 내가 함께 일하는 여자이다.

2. 나는 아버지가 수학 선생님인 한 소녀를 안다.

3. 너는 이 지역에 사는 새들을 관찰해야 한다.

4. 그는 내가 일본에 함께 갔던 남자이다.

5. John은 내가 서울에서 만난 남자이다.
6. 그는 문이 모두 고장 난 냉장고를 수리하고 있었다.
7. 그들은 유명한 수도승이 태어난 절을 방문했다.
8. 그녀는 그녀가 두 달 전에 잃어버렸던 명함을 찾았다.
9. 그들은 옷이 화려했던 나이 많은 여성을 만났다.

p58
▌ 명사절 접속사와 형용사절 접속사의 비교
Exercise 1) 다음 문장에서 밑줄 친 접속사가 명사절과 형용사절 중 어떤 절을 이끄는지 구별하세요.
1. 명사절 (나는 누가 그 게임에서 이길지 모른다.)
2. 형용사절 (그 게임에서 이긴 소년은 매우 키가 크다.)
3. 명사절 (그는 나에게 어떤 책이 내가 가장 좋아하는 것인지를 물었다.)
4. 형용사절 (내가 가장 좋아하는 책이 막 팔리려고 한다.)
5. 명사절 (그녀는 그가 휴가로 어디로 갈지 궁금해하고 있다.)
6. 형용사절 (그가 휴가로 간 장소는 미국이다.)
7. 명사절 /형용사절 (그는 그가 먹고 싶지 않았던 많은 음식을 먹었다고 말했다.)
8. 명사절 /명사절 (그녀가 나에게서 원하는 것은 내가 그녀의 숙제를 도와주는 것이다.)
9. 형용사절 (나는 눈동자가 초록색인 소녀를 안다.)
10. 명사절 (누구의 그림이 최고인지를 선택하는 것은 쉽지 않다.)

Exercise 2) 다음 문장에서 괄호 안에 알맞은 표현을 고르세요.
1. who
2. whom
3. what
4. whose
5. Who
6. Whether
7. How
8. you cook

Exercise 2-1) 다음 문장에서 괄호 안에 알맞은 표현을 고르세요.
1. how
2. what
3. where
4. why
5. who
6. What
7. where
8. that /that

p60
▌ 명사절 접속사의 생략
Exercise 1) 다음 명사절이 포함된 문장에서 생략된 접속사를 확인하고 해석하세요.
1. I know that ~ (나는 Jason이 TV를 보고 있지 않다는 것을 안다.)
2. I hope that ~ (나는 나의 친구 모두가 내 생일 파티에 오길 희망한다.)
3. They say that ~ (그들은 날씨가 내일 더 따뜻해질 것이라고 말한다.)
4. She thought that ~ (그녀는 그녀의 남자형제가 시험에 결코 통과하지 못할 것이라고 생각했다.)
5. They noticed that ~ (그들은 집에 몰래 들어오는 누군가가 있다는 것을 알아차렸다.)

Exercise 1-1) 다음 명사절이 포함된 문장에서 생략된 접속사를 확인하고 해석하세요.
1. I believe that ~ (나는 그녀가 제시간에 일을 끝마치지 못할 것이라고 믿는다.)
2. She expects that ~ (그녀는 누군가가 학교로부터 아이들을 데려오길 기대한다.)
3. They all know that ~ (그들 모두는 그녀가 그의 아버지께 거짓말을 하고 있다는 것을 안다.)
4. He promised that ~ (그는 그가 훌륭한 배우가 되겠다고 약속했다.)
5. She thinks that ~ (그녀는 그가 숙제를 받아 적는 것을 잊을지도 모른다고 생각한다.)

Exercise 1) 다음 형용사절이 포함된 문장에서 생략된 접속사를 확인하고 해석하세요.

1. something that ~ (그것은 내가 기다리고 있었던 무언가였다.)
2. a son who(m)(that) ~ (그는 작년 이래로 보지 못한 아들이 하나 있다.)
3. person who(m)(that) ~ (내 지갑을 훔친 사람은 나의 이웃이었다.)
4. money that(which) ~ (그녀는 그가 후원하는 모든 소녀를 존중심을 가지고 대해왔다.)
5. day who(m)(that) ~ (그날은 내가 그와 사랑에 빠진 날이었다.)

p63

Exercise 1) 다음 주어진 문장에서 삽입절을 확인하고 해석하세요.

1. 나는 내가 믿기에 학교 회장인 소녀를 기다리고 있다.
2. 그는 그가 생각하기에 술 취한 사람들을 무서워한다.
3. 나는 그들이 기대하기에 Kim 대신에 우리 팀을 이끌 수 있는 누군가와 이야기 중이다.
4. 내가 생각하기에 똑똑한 소년은 시험에서 부정행위를 했었다.

p65

◆ 형용사절을 이끄는 접속사 실전 독해연습

Actual Exercise 1) 다음 문장에 쓰인 형용사절을 확인하고 해석하세요.

1. 나는 내가 어제 여기서 샀던 이 식탁보에 대한 환불을 받고 싶다.
2. 내가 저지른 모든 실수에도 불구하고 그는 여전히 나를 신임했다.
3. 당신이 먹는 음식은 분명히 당신의 몸의 수행능력에 영향을 미친다.
4. 그는 음악가들이 무료로 연습할 수 있을 공간을 만드는 것을 제안했다.

5. 나는 어제 구내식당에서 너를 안다고 말하는 한 학생을 만났다.
6. 수업 중에 볼펜을 딸깍 거리는 학생들은 나를 매우 화나게 한다.
7. 진단을 내리기 전에 당신의 의사가 배제할 몇 가지 질병들이 있습니다.
8. 우리는 다른 사람들과 우리의 문제들을 의논해야 할 필요가 있는 사회적 동물이다.
9. 콜라비는 배추 속의 일원인데, 이것은 또한 브로콜리와 양배추를 포함한다.
10. 우리 몸의 면역 체계는 병을 유발하는 박테리아와 바이러스와 싸운다.

Actual Exercise 2) 다음 문장에 쓰인 절을 확인하고 해석하세요.

1. 그 건물은 화재로 인해 소실되었는데, 그 원인은 전혀 확인되지 않았다.
2. 한 실험이 삶의 만족도가 낮은 한 무리의 여성들과 실행되었다.
3. 그녀는 약간 모호하긴 하지만 빠른 시간 안에 부채를 상환할 것이라는 취지의 말을 하였다.
4. 세계에는 매우 오래 사는 사람들로 유명한 몇몇 장소가 있다.
5. 실험실 검사는 그렇지 않으면 간과되었을 문제들을 밝히는 것을 돕는다.
6. 경찰은 그것의 날짜가 닳아서 알아볼 수 없게 되었던 오래된 동전을 발견했다.
7. Tom은 시카고로 이사했는데, 거기는 그가 Louis Sullivan을 위해 일한 곳이다.
8. 그 대학신문은 학생들과 교수진의 관심을 끄는 기사만 싣는다.
9. 동물들을 사육한 사람들은 새롭게 진화한 세균들의 첫 번째 희생자가 되었다.
10. 내가 담배를 끊은 주된 이유는 나의 친구들 모두가 이미 담배를 끊었다는 것이다.

Actual Exercise 3) 다음 문장에 쓰인 형용사절을 확인하고 해석하세요.

1. 우리는 그랜드 캐넌을 방문할 만큼 운이 좋았는데,

거기에는 경치가 아름다운 곳이 많다.

2. 디즈니의 작품은 주로 동화, 신화, 그리고 민간전승에서 뽑아 냈는데, 이것들에는 전형적인 요소들이 많다.

3. 인사부는 직업 분석을 수행하는데 직업 분석은 각 직무의 요소와 특징에 대한 상세한 연구이다.

4. 이 전시회에서, 그 예술가는 중동에서 일어나고 있는 분쟁들의 본질에 대한 그녀의 우려를 반영한다.

5. 나는 식인 풍습의 사례에 대한 논할 것인데, 이것은 모든 야만적인 풍습 중에서 의심할 여지없이 가장 큰 공포와 혐오감을 일어나게 하는 것이다.

6. 최면에 걸린 사람은 일종의 무아지경에 빠지는데, 이것은 사람이 움직이고 말할 수 있지만 정상적인 방법으로 의식하지 않는 상태이다.

7. 미국의 국채는 제2차 세계 대전 이전까지 비교적 적었는데, 그것은 단 5년 내에 430억 달러에서 2,590억 달러로 늘어났다.

8. 다른 사람들과 소통한 사람들은 그들의 걱정을 시간이 흐르면서 55퍼센트까지 감소시켰지만, 혼자 남겨진 사람들은 개선을 보이지 않았다.

9. 부모들은 반항적으로 행동하거나 사회적으로 서툴러 보이는 아이들을 포기해서는 안 된다. 이것은 대부분의 청소년들이 겪고 결국에는 성장하여 벗어나는 정상적인 단계이다.

STEP 3 부사절을 이끄는 접속사
p71
Exercise 1) 다음 보기에서 적절한 접속사를 골라 적으세요.

1. As soon as
2. while
3. Every time
4. after
5. before
6. When
7. since

Exercise 2) 다음 보기에서 적절한 접속사를 고르고 해석하세요.

1. Though (비록 그가 축구팀에 참여할 수 있다고 말했지만, 나는 그가 충분하지 않다고 생각한다.)

2. Since (내가 시험이 어려울 것이라는 것을 알기 때문에, 나는 밤에 매우 늦게까지 공부할 것이다.)

3. when (그가 울기 시작했을 때, 나는 그에게 조언을 하고 있었다.)

4. Although (비록 네가 위험해 보이는 지역에서 살고 있지만, 누구도 너에게 해를 끼칠 수 없을 것이다.)

5. If (만약 네가 더 많은 음식을 원한다면, 마음껏 드세요.)

6. While (내가 피아노를 연주하고 있는 동안, 전화가 계속해서 울렸다.)

7. If (만약 네가 제안을 받아들인다고 약속을 하면, 나는 너에게 저녁을 사줄게.)

8. As long as (당신이 집안에만 머무르는 한, 당신은 안전할 것이다.)

9. Even if (비록 내가 시험에 떨어진다 해도, 나는 후회하지 않을 것이다.)

10. because (그는 야채를 좀 사왔다, 왜냐하면 그는 몸무게를 줄이고 싶기 때문이다.)

p73
◆ 부사절 접속사 실전 문제
Actual Exercise 1) 다음 문장에 쓰인 부사절을 확인하고 해석하세요.

1. 나는 모든 예방접종을 받자마자 휴가를 떠날 것이다.

2. 그는 대학에 다니지 않았지만 아는 것이 아주 많은 사람이다.

3. 예산이 빡빡해서 나는 15달러밖에 쓸 수가 없다.

4. 수학 시험에 실패했을 때에서야 그는 공부를 열심히 하기로 결심했다.

5. 그를 보는 순간, 그가 범인이라는 감이 왔다.

6. 경제적 자유가 없다면 진정한 자유가 있을 수 없다.

7. 그들은 물이 부족했으므로 가능한 적게 마셨다.

8. 누가 엿들을까 봐 두려워 그는 목소리를 낮추었다.

9. Tom은 매우 굳은 결심을 해서 그를 설득하려고 노

력하는 것은 소용이 없었다.

10. 나는 네가 토요일까지 돈을 갚을 수 있다면, 돈을 빌려줄 것이다.

Actual Exercise 2) 다음 문장에 쓰인 부사절을 확인하고 해석하세요.

1. 연어는 비록 바닷물에서 살아가지만 민물에서 알을 낳고 죽는다.

2. 실수를 했든 아니면 단지 일이 잘 해결되지 않았든, 그는 사과해야 했다.

3. 우리는 건강을 잃고 나서야 비로소 그 가치를 깨닫는다.

4. 아이의 자신감이 준비되어 있다면, 이것은 그 이상의 성공에 불을 붙인다.

5. 그는 Kate가 실수에 대해 비난 받을 때 그녀를 두둔했다.

6. 학생들 중 3분의 1 미만만이 그들이 추정했던 시점까지 완료했다.

7. 그 나라의 해결책들은 대단해서 그 문제에 대한 국제적인 이목을 끌었다.

8. 비록 Tim이 너의 친구일지라도, 그에게 다른 사람들의 돈을 맡겨서는 안 된다.

9. 내가 너무 자주 열쇠를 엉뚱한 곳에 두어서 내 비서가 나를 위해 여분의 열쇠를 갖고 다닌다.

10. 그 두 문화는 정말 완전히 이질적이어서 그녀는 한 문화에서 다른 문화로 적응하는 것이 힘들다고 생각했다.

Actual Exercise 3) 다음 문장에 쓰인 부사절을 확인하고 해석하세요.

1. 일부 주에서 제정된 개혁들은 이미 발효된 데 반해, 다른 주에서는 개혁 법률이 보류되었다.

2. 이 방 안은 너무 조용해서 나는 밖에서 바람에 나뭇잎이 나무에서 떨어지는 소리를 들을 수 있었다.

3. Sarah는 너무 솔직하기 때문에 그녀가 다른 사람들의 작품을 비평할 때 자주 그들의 감정을 상하게 한다.

4. 나라가 심각한 불황에 놓여있기 때문에, 일을 그만두기로 한 Jennifer의 결정은 위험하고 대담하다.

5. 프레스코는 이태리 교회의 매우 익숙한 요소이기 때문에 그들이 이것을 당연하게 생각하기는 쉽다.

6. 많은 의사들이 의학에서의 모든 최신의 발전에 뒤떨어지지 않기 위해서 열심히 공부한다.

7. 만약 다수의 생각이 강하게 있지 않고 개인적 영향력이나 정서적 영향력을 크게 가지고 있지 않다면, 그 집단은 새로운 생각과 소수의 의견에 덜 배타적일 것이다.

8. 자본주의적 산업화가 더 많은 여성을 노동 인구에 참여하도록 강요함에 따라, 최근 수십 년 간, 임금 노동에 있어서의 여성 참여가 전 세계 거의 모든 나라에서 증가해왔다.

9. 일사병은 그것이 고온에 대한 노출과 수분 보충 실패의 결과로 며칠에 걸쳐서 발생할 수 있기 때문에 약간 다르다.

10. 그녀는 대학 이후로 스페인어를 연습하지 않았기 때문에 지난겨울 그녀가 멕시코로 여행가기 전에 그것을 복습해야 했다.

Actual Exercise 4) 다음 문장에 쓰인 접속사 as를 확인하고 해석하세요.

1. 사람들은 나이가 들면서 엄해지는 경향이 있다.

2. 학교에서 집으로 걸어오고 있을 때 강풍에 내 우산이 뒤집혔다.

3. 비록 가난하지만 그녀는 정직하고 부지런하다.

4. 다루기 힘든 코끼리들과 일하면서, 그는 그들과 더 깊은 교감을 형성했다.

5. 그가 마지막 남은 두 개의 계란을 꺼낼 때, 그는 그 자리에 네 개가 더 있다는 것을 알아차린다.

6. 공동체가 더 커져갈수록, 몇몇의 사람들은 회고하고 논쟁을 하는 시간을 가졌다.

7. 그가 위층의 침실을 페인트칠하는 동안, 그 어린 소년을 그를 잠시 동안 호기심 있게 쳐다봤다.

8. 즐거움과 자부심과 소속감을 회상하면서, 그 남자는 점차적으로 흥분됐다.

9. 빠른 음악이 사람들로 하여금 빨리 먹게 하듯이, 이것은 사람들이 빠른 속도로 운전하게도 한다.

10. 그 기차는 나의 목적지에 10분 일찍 도착했는데, 그것은 완벽했다. 왜냐하면 오전 10시에 회사에서 나의 새 아이디어를 발표하기로 되어있었기 때문이다.

p78

■ 접속사 종합문제

Exercise 1) 다음 문장에서 밑줄 친 접속사가 어떤 종류의 접속사인지 구별하세요.

1. 명사절 (목적어) (우리 모두는 그녀가 훌륭한 가수가 될 것이라는 것을 안다.)

2. 형용사절 (삶에는 과학이 설명할 수 없는 많은 것들이 있다.)

3. 형용사절 (그 남자는 아버지가 그의 친한 친구인 한 소녀를 알아차렸다.)

4. 명사절 (목적어) (나는 너에게 언제 그가 회의를 시작할지 정확히 말해줄 수 없다.)

5. 형용사절 (그는 많은 노숙자들이 머무를 수 있는 보호소를 열었다.)

6. 형용사절 (그는 안전이 보장되지 않은 지역으로 차를 몰고 갔다.)

7. 부사절 (날씨가 춥건 아니건, 나는 내일 캠핑을 갈 것이다.)

8. 형용사절 (그는 그를 못생겼다고 부르는 한 사내와 논쟁을 벌였다.)

9. 형용사절 (그는 나에게 이야기 하나를 해주었는데, 믿기 힘들었다.)

10. 명사절(목적어) (그녀는 어느 날 그녀가 Chris를 만날 것이었는지 잊었다.)

Exercise 1-1) 다음 문장에서 밑줄 친 접속사의 종류를 구별하고 해석하세요.

1. 부사절 (비록 그는 많은 중국인 친구가 있지만, 중국어를 한 마디도 하지 못한다.)

2. 부사절 (일단 당신이 트라우마를 극복하면, 당신은 매우 속상하지는 않게 될 것이다.)

3. 명사절(주어) (나의 아이들이 건강한 것은 나에게 매우 중요하다.)

4. 명사절(목적어) (John은 나에게 화려한 자동차를 살 수 있는 곳을 말해주었다.)

5. 부사절 (내가 일을 끝낼 때쯤, 나의 아버지가 나를 데리러 오실 것이다.)

6. 부사절 (그는 배고플 때마다, 사과를 먹는다.)

7. 부사절 (그녀는 그녀의 남자친구와 헤어지고 싶어했다. 그녀가 그녀의 일에 더 집중할 수 있도록.)

8. 부사절 (그녀가 이 약을 먹으면, 그녀는 고통을 느끼지 않을 것이다.)

9. 명사절(목적어) (나는 그가 그의 결혼기념일에 무엇을 원하는지 모르겠다.)

10. 명사절(목적어) (그를 어디서 만날 수 있는지 나에게 말해줄 수 있겠니?)

Exercise 1-2) 다음 문장에서 밑줄 친 접속사의 종류를 구별하고 해석하세요.

1. 명사절(주어), 명사절(보어) (내가 말하려고 하는 것은 그가 나에게 화난 것 같이 보인다는 것이다.)

2. 명사절(보어) (Jake에게 문제는 그가 그의 아버지의 나이를 잊어버린 것이다.)

3. 부사절 (그들은 일어나자 마자, 그들은 아침을 요리하기 시작했다.)

4. 형용사절 (Kate는 Jane이 파티에서 입었던 드레스를 사길 원했다.)

5. 형용사절 (나의 아들은 하루에 다섯 번 이상 고장 나는 오래된 핸드폰을 가지고 있었다.)

6. 부사절 (내가 영화를 보는 동안, 나의 고양이가 내 옆에 앉아 있었다.)

7. 형용사절 (내가 이국적인 음식을 사는 가게는 어제 닫혀 있었다.)

8. 부사절 (이제 너는 어른이니까, 우리는 너를 금전적으로 지원하지 않겠다.)

9. 형용사절 (그는 테러리스트들이 공격한 국가를 방문했다.)

10. 부사절 (너는 이 노란색 재킷을 입어야 한다, 내가 너를 쉽게 찾을 수 있도록.)

p80

◆ 접속사 실전 독해연습

Actual Exercise 1) 다음 주어진 문장에 어떤 절이 사용되었는지 확인하고 해석하세요.

1. 시간을 엄수하는 것은 모든 사람들이 갖추어야 할 미덕이다.

2. 열사병은 몸이 온도를 조절하는 능력을 잃을 때 발생한다.

3. 나는 너무 긴장해서 내 업무에 집중할 수 없었다.

4. 페니실린은 그것에 알레르기가 있는 사람에게 역효과가 있을 수 있다.

5. 정부는 누가 무엇을 소유하고 있는지, 또한 자산의 가치가 얼마인지 명확히 해야 한다.

6. 아버지는 그들이 머물고 있는 장소로 우리와 동행하려 하지 않았다.

7. 남편이 아내를 이해한다는 것이 그들이 반드시 화목하게 지낼 수 있다는 것을 의미하지는 않는다.

8. 그들이 10년간 살았던 집이 폭풍에 심하게 손상되었다.

9. 분명히 수용적이고, 편안하고, 경쟁이 없는 교실 분위기를 조성하는 것은 도움이 된다.

Actual Exercise 2) 다음 문장에서 어떤 접속사가 쓰였는지 확인하고 해석하세요.

1. 어제 시장에서 쇼핑을 할 때 나는 최근 몇 주 동안 많은 품목들의 가격이 올랐다는 것을 알았다.

2. 아주 종종 불쑥 나타나는 모든 문제들과 어려움들 때문에 단순한 삶도 힘에 미치지 않는 다고 느껴진다.

3. 우리를 가장 놀라게 한 것은 그가 자신은 회사에 늦게 도착한 적이 없다고 말했다는 사실이었다.

4. 이 세상에서 당신이 소유하고 있는 것은 당신이 죽을 때 다른 누군가에게 가지만, 당신의 인격은 영원히 당신의 것일 것이다.

5. 특정 시기에 발생하는 것이 주식 시장의 장기 투자자들에게 어떠한 큰 영향도 주지 않는다.

6. 콜라비는 주로 그것의 특이한 생김새와 이상한 이름 때문에 많은 사람들이 피하는 채소 중 하나이다.

7. 그 젊은 기사는 겁쟁이라고 불린 것에 몹시 격분하여 그의 검을 손에 들고 앞으로 돌진했다.

Actual Exercise 3) 다음 문장에서 어떤 접속사가 쓰였는지 확인하고 해석하세요.

1. 아이들을 위해 선물을 가져오는 것은 그들과 충분한 시간을 보내지 못한 것에 대해 그가 느낀 죄책감의 일부를 완화시켰다.

2. 진정으로 과학을 발전시키는 것은 이전에는 관련 없어 보였던 많은 관찰을 서로 결부시키는 새로운 이론이다.

3. 그들이 꿈을 꾸는지의 여부는 다른 문제이며, 이것은 다른 문제를 제기함으로써만 대답이 될 수 있다.

4. 미국인들은 주식 시장이 폭락했을 때 이미 수백만 달러를 잃었는데, 그것은 심지어 전면적인 금융위기가 시작되기도 전이었다.

5. 사이버 공간의 가장 매력적인 점 중 하나는 그것이 익명성 또한 제공하면서 다른 나라에 있는 사람들과 연락할 수 있는 기능을 제공한다는 것이다.

6. 비록 몇 가지 엄격한 조건이 있긴 하지만, 네덜란드는 이제 환자의 안락사를 허용하는 세계에서 유일한 국가가 된다.

7. 우성 유전자는 한 사람이 한 부모로부터 이 유전자들 중 하나만 물려받든 두 개를 물려받든 상관없이 특정한 특성을 만들어 내는 것이다.

8. 그러한 부분적으로 정도의 면역성이 있는 사람들이 그 세균들에 이전에 노출된 적이 없었던 다른 사람들과 접촉했을 때, 전염병은 이전에 노출되지 않았던 인구의 최고 99퍼센트까지 사망하는 결과를 야기했다.

Actual Exercise 1) 다음 주어진 문장에서 어떤 동격의 형태가 사용됐는지 확인하고 해석하세요.

1. 나의 가장 친한 친구 중 한 명인 Tom은 1985년 4월 4일에 태어났다.

2. 오늘 최종 결정을 내릴 필요가 없습니다.

3. 놀랍게도, 그녀는 그 제안에 대해 아무런 이의를 제기하지 않았다.

4. 일부는 미소를 짓고 시선을 맞추려는 특별한 노력을 했다.

5. 인격은 인간에 대한 존중이자 경험을 다르게 해석할 권리이다.

6. 풍자가는 그들을 조롱의 대상으로 만들기에 충분한 결점들을 그들에게서 찾아낸다.

7. 미국에서 피의자는 빠르고 공개적인 재판과 변호사의 도움을 받을 권리를 갖는다.

8. 어떤 것에 대해 속상하게 되는 많은 기회들이 있지만, 우리는 그것들을 신경 쓰지 않고 평온을 유지할 선택의 여지가 있다.

9. 작년에 나는 극장에서 예술 행사를 무대에 올리는 것을 담당하는 직원들과 함께 이번 공연을 할 수 있는 대단히 좋은 기회를 얻었다.

10. 하버드 연구원들에 의한 한 새로운 연구는 당신의 식탁에서 통조림으로 된 수프와 주스를 없앨 설득력 있는 이유를 제공할 수도 있다.

11. 그는 국내와 해외에서 극 예술의 위대한 대표적 인물들을 볼 기회인 폭넓은 교육의 이점을 그에게 줄 수 있었던 한 부유한 남자의 아들이었다.

12. 이집트는 밀수업자들의 지하도 내 활동을 감시하기 위해 가자와 이집트의 국경에 유럽의 병력이 배치되어야 한다는 제안에도 침착하게 반응했다.

Unit 4 동사의 주요기능
A 시제
p91
Exercise 1) 다음 동사의 시제를 밝히고 시제에 맞게 해석하세요.

1. 미래시제 (나는 내일 수영하러 갈 것이다.)
2. 현재시제 (나는 때때로 수영하러 간다.)
3. 과거시제 (나는 어제 내 친구들과 축구를 했다.)
4. 미래시제 (Bob은 내일 학교에 오지 않을 것 이다.)
5. 과거시제 (그녀는 작년에 그 대회에서 우승하였다.)
6. 현재시제 (나는 내 시험점수에 기쁘다.)

Exercise 2) 괄호 안에 주어진 단어를 알맞은 형태로 바꿔 빈칸에 넣으세요.

1. will be
2. went
3. brushes
4. built
5. will leave
6. closes
7. visited
8. was
9. thought
10. wakes

Exercise 3) 다음 주어진 단어를 활용하여 영작하세요. (예시 답안입니다.)

1. I cried after watching the movie.
2. I will cry after watching the movie.
3. I exercise 1 hour every day.
4. The puppy barked at me.
5. We went to sleep early last night.
6. He does not believe in the presence of aliens.

p94
■ 미래를 표현하는 여러 가지 방법 1
Exercise 1) 다음 괄호 안에서 문법적으로 옳은 것을 고르세요.

1. arrives
2. will end
3. will go
4. will read
5. am going to

Exercise 2) 다음 시제에 유의하면서 해석하세요.

1. A: Mr. Kim이 너를 찾고 있어.
   B: 나도 알아. 그에게 전화할 예정이야.
2. A: Mr. Kim이 너를 찾고 있어.
   B: 아 정말? 전화해봐야겠다.
3. A: 우리 물이 다 떨어졌어!
   B: 정말? 내가 사올게.
4. A: 너 지금 뭐하고 있니?
   B: 나 지금 학교 가고 있어.
5. A: 너 이번 주말에 뭐 할거야?
   B: 교회에 갈 거야.

p95
■ 미래를 표현하는 여러 가지 방법 2
Exercise 1) 다음 주어진 문장을 해석하세요.

1. 그는 오늘 밤에 숙제를 하기로 되어있지 않다.
2. 나의 부모님께서는 아마 내가 내방을 치우지 않는데 화나실 것 같아.
3. John은 막 커튼 안으로 들어오려 한다.

4. 그는 내일 언론에 연설하기로 예정되어 있다.

5. 나는 오늘 밤 사장님을 직접 만나기로 되어있어.

6. 남자는 막 소년에게 소리칠 것 같다.

7. 그 새들은 아마 둥지로 돌아 올 것 같아.

8. 나는 그 일의 적임자를 선택하기로 예정되어 있다.

9. 수일이 지나면, 무역 박람회가 개최될 것이다.

10. 그 아기는 막 당장 울려고 한다.

Exercise 2) 다음 주어진 단어를 활용하여 해석에 맞게 영작하세요. (예시 답안입니다.)

1. He is likely to wake up early tomorrow.

2. She is going to cancel the match.

3. The efforts are about to prove futile.

4. He is supposed to be here right now.

Exercise 2-1) 다음 주어진 단어를 활용하여 해석에 맞게 영작하세요. (예시 답안입니다.)

1. They are going to leave for honeymoon
    next month.

2. I am supposed to give my brother a ride to
    the airport this evening.

3. He will take a shower at the gym.

4. She is likely to give birth to her baby in
    September.

➡ 동사의 진행시제
STEP 4 현재진행
p97

Exercise 1) 다음 주어진 문장에 쓰인 진행시제를 이해하며 해석하세요.

1. 지금 비가 엄청 많이 오고 있다.

2. 내가 공부를 하고 있을 때, 내 남자형제는 TV를 보고 있었다

3. 내일 그가 시험을 치르고 있을 때 나는 조부모님 댁을 방문하고 있을 것이다.

4. 코끼리들이 자는 동안 우리는 그들을 씻기고 있다.

5. 눈이 내리기 시작했을 때, 우리는 우리의 자전거를 타고 있었다.

6. 내가 도착했을 때, 그 기차는 이미 떠나고 있었다.

p98
■ 현재진행과 현재의 비교

Exercise 1) 다음 주어진 문장에서 어법에 맞는 표현을 고르세요.

1. am looking (나는 나의 안경을 찾고 있다.)

2. runs (그는 때때로 건강을 위해 달린다.)

3. is running (그녀는 늦지 않기 위해 버스를 향해 달리고 있다.)

4. rains (구름이 끼면 비가 온다.)

5. wakes up (그는 때때로 그의 부모님들보다 일찍 일어난다.)

6. enjoys (Tina는 매주 일요일마다 늦게 일어나는 것을 즐긴다.)

Exercise 1-1) 다음 주어진 문장에서 어법에 맞는 표현을 고르세요.

1. evaporates (물은 증발해서 구름이 된다.)

2 is preparing (그는 지금 외출할 준비를 하고 있다.)

3. are always (너는 항상 수업에 늦는다.)

4. walk (나는 매일 집에 걸어간다.)

5. looks (그녀는 그녀의 아버지를 존경한다.)

6. don't like (나는 길거리에 쓰레기를 버리는 것을 좋아하지 않는다.)

Exercise 2) 다음 주어진 단어를 활용하여 영작하세요. (예시 답안입니다.)

1. She always has lunch late.

2. I write you a letter every day.

3. I am writing you a letter now.

4. You don't know the cause of the accident.

5. The soap smells terrible.

6. The tiger is hunting the rabbit.

7. She falls asleep at 10 every day.

8. My brother is doing his homework.

STEP 5 과거진행
STEP 6 미래진행
p101
▌진행시제 종합문제
Exercise 1) 다음 시제에 유의하면서 해석하세요.

1. 나는 기차역으로 달리는 중이다.
2. 나는 늦었기 때문에 기차역으로 달리고 있었다.
3. 비가 오기 시작할 때 나는 기차역으로 달리고 있을 것이다.
4. 그녀는 그녀가 모르는 사람에게 친절하다.
5. 그녀는 더 큰 용돈을 위해 착하게 굴고 있다.

Exercise 2) 다음 주어진 단어를 알맞은 형태로 바꿔 서 써넣으세요.

1. is exercising
2. exercises
3. was exercising
4. will exercise
5. was driving
6. was sleeping

Exercise 2-1) 다음 주어진 단어를 알맞은 형태로 바꿔서 써넣으세요.

1. was reading
2. will be eating
3. am watching
4. was watching
5. purrs
6. will be washing
7. washed

Exercise 3) 다음 주어진 단어를 활용하여 영작하세요. (예시 답안입니다.)

1. While we were sleeping, it was snowing outside.
2. She is preparing some coffee.
3. While my mom was sick, I was doing household chores.
4. While we were resting at home, my older brother was studying in the library.
5. The kids are playing in the playground now.

Exercise 3-1 다음 주어진 단어를 활용하여 영작하세요. (예시 답안입니다.)

1. He obeyed his parents all the time when he was young.
2. When my friend came to my house, I was arguing with my mom.
3. I like to go out to stroll when it is raining.
4. He does not meet his obligations.
5. I will be studying for the exam.

➡ 동사의 완료시제
STEP 7 현재완료
p103
Exercise 1) 다음 문장들을 시제에 유의하면서 해석하세요.

1. 나는 답을 안다.
2. 나는 누구보다도 먼저 그 답을 알았었다.
3. 그녀는 매일 많은 채소를 먹는다.
4. 비록 내가 익숙하진 않을지라도 나는 젓가락을 사용한다.
5. 나는 3살때부터 젓가락을 사용해왔다.

Exercise 2) 다음 주어진 빈칸을 현재완료형으로 써서 채우고 해석하세요.

1. has already learned
2. have been
3. has not rained
4. has read
5. has fallen
6. have eaten
7. has practiced
8. have learned
9. have sung
10. has played

■ 현재완료의 추가 용법들

Exercise 1) 다음 문장들을 시제에 유의하면서 해석하세요.

1. 그는 막 그의 지갑을 잃어버렸다.
2. Janet은 항상 우주비행사가 되기를 원해왔다.
3. Tim은 벌써 Susan이 말한 것에 대해 그녀를 용서해 주었다.
4. Subin은 그녀의 연필을 잃어버려서 그녀는 펜으로 쓴다.
5. 네가 예의 있게 물어봤기 때문에 나는 네가 숙제 하는 것을 도와왔다.
6. 나는 지금까지 한 번도 박물관에 가본 적이 없다.

Exercise 2) 다음 주어진 빈칸을 현재완료형으로 써서 채우시고 해석해보세요.

1. have never ridden (나는 이전에 보트를 타본 적이 없다.)
2. has lost (그는 휴대폰을 잃어버려서 당신에게 연락할 수 없다.)
3. has met (그녀는 같은 날 두명의 유명인사를 만났다.)
4. Has, stopped (눈이 아직 안 그쳤니?)
5. have already written (나는 다음 주가 만기인 에세이를 이미 썼다.)
6. have just finished (나는 10분 전에 숙제를 마쳤다.)
7. have swum (나는 5살 때부터 토너먼트 (대회)에서 수영을 해오고 있다.)
8. ever seen (너는 머리가 세 개 달린 용에 관한 영화를 본 적이 있니?)
9. have watched (나는 십 년 전부터 스릴러 영화를 봐왔다.)
10. has never visited (Jack은 지금까지 유럽에 방문해본 적이 없다.)

■ 현재완료와 과거의 비교

Exercise 1) 다음 주어진 빈칸을 현재완료와 과거 중에서 더 적절한 시제로 채우세요.

1. has rained
2. went
3. was
4. tried
5. went
6. has been
7. went
8. has been
9. was
10. has lived

STEP 8 과거완료

■ 현재완료와 과거완료의 비교

Exercise 1) 괄호 안에 주어진 단어의 알맞은 형태를 고르세요.

1. had
2. had
3. had
4. had
5. has
6. had
7. has
8. had
9. have
10. had

Exercise 1-1) 다음 주어진 해석에 맞게 시제에 유의하며 "완료"시제로 빈칸을 채우세요.

1. has taken
2. has taken care of
3. had just finished
4. had bitten
5. has raised
6. has danced
7. had done

8. had studied

9. had already left

10. had not done

STEP 9 미래완료
p110
Exercise 1) 다음 주어진 문장을 분석하고 해석하세요.

1. 그는 한 시간 안에 파리에서 떠나있을 것이다.

2. 나는 종들이 울리기 전에 잠을 자고 있을 것이다.

3. 나의 개는 다음 달이 되면 우리와 십 년째 살고 있을 것이다.

4. 내가 영화를 한 편 더 본다면, 그것은 이번 주에 다섯 번째 영화가 될 것이다.

5. 이번 주가 끝날 때면, 그 콘서트 티켓들은 다 매진일 것이다.

6. 나는 저녁시간까지 내 숙제들을 끝내놓을 것이다.

7. 우리 가족은 내년이 되면 한국에 10년째 살고 있어 온 것이다.

8. 그 곰들은 겨울이 오면 벌써 동면을 취했을 것이다.

STEP 10 현재완료진행
STEP 11 과거완료진행
STEP 12 미래완료진행
p112
■ **완료 진행 시제 종합 (현재, 과거, 미래)**

Exercise 1) 다음 괄호 안의 단어를 활용하여 적절한 완료진행시제 문장을 만드세요.

1. have been working

2. has been raining

3. had been scared

4. have been waiting

5. has been studying

6. will have been finishing

7. had been teasing

Exercise 1-1) 다음 괄호 안의 단어를 활용하여 적절한 완료진행시제 문장을 만드세요.

1. had been winning

2. will have been sleeping

3. has been jogging

4. will have been snowing

5. have been taking

6. will have been working

7. has been playing

7. had been copying

p113
■ **완료 시제 총 종합**

Exercise 1) 다음 주어진 빈칸을 주어진 단어를 활용하여 채우세요.

1. Have, finished

2. had never gotten

3. will have graduated

4. have avoided

5. had already left

6. written

7. will have just arrived

8. had played

9. had saved

10. have finished

11. had been crying

12. have been playing (또는 have played)

13. will have been performing (또는 will have performed)

14. has been working on

15. will have been standing

p114
◆ **시제 실전 독해연습**

Actual Exercise 1) 다음 문장에서 괄호 안에 알맞은 표현을 고르고 해석하세요.

1. will have worked (나의 아버지는 다음 주면 20년 동안 우체국에서 일한 것이 될 것이다.)

2. had gone (Tim이 많은 고통을 겪었던 것이 분명했다.)

3. realized (민수가 일본을 방문했었기 때문에, 그는 한국이 전세계에서 가장 깨끗하지 않다는 것을 깨달았다.)

4. learned (나의 남동생은 가족과 저녁식사를 하는 동안 트림하는 것은 예의 바르지 않다는 것을 배웠다.)

5. had, have been (2년 전에, 나는 자전거 사고를 당했다. 그때 이후로 나는 대중교통을 이용해오고 있다.)

6. snowed (2004년의 겨울에, 이전의 어떤 겨울보다 눈이 많이 왔다.)

7. was (나의 어머니는 TV 드라마를 보면서 새로운 레시피를 요리하고 있었다.)

8. has grown (한국 전쟁 이후로, 한국은 세계에서 13번째로 큰 경제국으로 성장해오고 있다.)

9. decreased (2013년에 그 가게의 평균 수입이 이전 년에 비해 13% 감소했다.)

10. had (인간은 스마트 폰에 너무 의존하게 되었다고 기사에 서술되었다.)

Actual Exercise 2) 다음 주어진 문장에서 밑줄 친 시제부분을 특히 유의하며 해석하세요.

1. 창경궁의 벚꽃이 막 피려고 한다.

2. 나는 10시에 회사에 나의 새로운 아이디어를 발표하기로 되어있었다.

3. 2001년도 여름에, 그는 집 짓기 프로젝트에 참가하기 위해서 그 마을에 방문했다.

4. 몇 년 전, 캔은 차 사고를 당했었다. 그 이래로, 그는 휠체어를 타고 다니고 있다.

5. 수면은 오랫동안 인간의 기억력을 향상시키는 것과 관련되어왔다.

6. 상어들은 수억만 년 동안 거의 변함이 없어 보였다.

7. 1996년도에 벤처자금은 전년도에 비해 53% 줄어든 2억달러로 줄어들었다.

8. 지금부터 두 시간 후에, 복도가 빌 것이다. 그 콘서트는 끝나있을 것이다.

9. 우리가 공항에 도착할 무렵, 비행기는 이미 이륙했다.

10. 현관 열쇠를 잃어버려서 안으로 들어가기 위해 나는 벽돌로 유리창을 깨야 했다.

Actual Exercise 3) 다음 주어진 문장에서 밑줄 친 시제부분을 특히 이해하며 해석하세요.

1. 지난 몇 년에 거쳐 영국정부는 광고에 더 많은 돈을 계속해서 소비해오고 있다.

2. 나는 이 아파트에서 저 아파트로 옮겨 다녔었다 이 아파트를 얻기 전까지.

3. 1955년도에 처음 차를 생산한 이후로, 한국은 세계에서 6번째로 가장 큰 자동차 생산국가가 되었다.

4. 그 말은 그녀가 그녀의 꿈에서 본 것과 같은 옅은 회색 암말이었다.

5. 오늘날까지, 신문 기사들은 이 엄청나게 복잡한 문제를 단지 피상적으로만 다루었다.

6. 공부를 위해 내가 미국에 도착한 이래로, 나는 학업의 성공이 모든 미국인들에게 중요한 것은 아니라는 것을 알아차려 왔다.

7. Ms. Sebring은 그 동물이 곧 마라나 가축수용소에서 경매에 부쳐질 것이라는 것을 알게 되었다.

8. 그가 경주하는 동안 느끼고 있었던 모든 기진맥진이 사라졌다.

9. 재난으로부터의 인명과 재산피해는 20세기 동안에 증가되었다고 보고되었다.

10. 켈리는 비록 창가 자리에 앉고 싶었지만, 복도, 5번째 줄에 앉았다.

B 조동사

STEP 1 추측의 조동사
p19
▮ 추측의 조동사 부정과 긍정의 의미 파악하기

Exercise 1) 다음 괄호 안에서 적절한 단어를 고르세요.

1. may

2. can't

3. must

4. must

5. must

6. can't

7. might

8. must

9. must

Exercise 1-1) 다음 괄호 안에서 적절한 단어를 고르세요.

1. may not

2. must

3. might

4. must

5. must

6. must

7. can't

8. must

9. might

10. must

▌ 추측의 조동사 과거와 현재 의미 파악하기

Exercise 1) 다음 괄호 안에서 적절한 단어를 고르세요.

1. may suffer

2. may have suffered

3. must have been

4. must have been

5. may have walked

6. must have exercised

7. may

8. may not be

Exercise 1-1) 다음 괄호 안에서 적절한 단어를 고르세요.

1. might have won

2. may hate

3. might have hated

4. must have stolen

5. must be stealing

6. may miss

7. must have played

8. may lose

9. may not

Exercise 2) 다음 주어진 단어를 활용하여 영작하세요. (예시 답안입니다.)

1. He must have been sick.

2. He must be sick now.

3. He cannot have popped the balloon.

4. She can't pop the balloon.

5. Because he has an exam next week, he may study.

6. My friend might like my present.

7. He can't go back to the hospital.

STEP 2   의무의 조동사
p123

Exercise 1) 다음 주어진 단어를 활용하여 영작하세요. (예시 답안입니다.)

1. We don't have to cook lunch.

2. We had to cook lunch.

3. She should not have stayed up all night.

4. I should have arrived early.

5. I have to / must / should finish the book by next week.

6. You should not / must not wear shoes inside the house.

7. You didn't have to do the dishes.

Exercise 2) 다음 주어진 단어를 활용하여 영작하세요. (예시 답안입니다.)

1. He should not / must not call her.

2. You don't have to go on a vacation with us.

3. You must / should / have to break the statue.

4. I should have done the dishes.

5. He should not have eaten the chocolate.

6. You didn't have to pretend to be sick.

7. You had to answer his question.

STEP 3 had better과 would rather
p125
Exercise 1) 다음 주어진 단어를 활용하여 영작하세요. (예시 답안입니다.)

1. We had better not meet today.
2. I would rather take the subway than a bicycle.
3. I would rather stay home than stay cold outside.
4. We would rather go to a restaurant and have meal.
5. You had better do your homework hastily.

STEP 4 used 시리즈
p126
Exercise 1) 다음 괄호 안에서 문법에 맞는 표현을 고르세요.

1. bowing
2. eating
3. is used to
4. used to
5. used to

p127
Exercise 2) 다음 주어진 단어를 활용하여 영작하세요. (예시 답안입니다.)

1. He used to disappoint his mother.
2. Telescopes are used to see far distances.
3. I am used to sleeping in a car.
4. I used to watch movies every weekend.
5. She is used to preparing a lunch box.

p130
◆ 조동사 실전 독해연습
Actual Exercise 1) 다음 주어진 문장을 분석하고 해석하세요.

1. 나는 채소를 먹을 바에는 차라리 굶겠다.
2. 나는 네가 축구선수였다는 것을 알지 못했다.
3. 겨울은 과거에 더 따뜻하곤 했다.
4. 많은 사람들은 겨울에 머플러를 입는 것에 익숙하다.
5. 너는 더 오래 머물고 싶을 지라도 지금 떠나야 한다.
6. 너는 여름에 재킷을 입을 필요가 없다.
7. 네가 나중에 떠난다면, 너는 다음 기차를 타야 할지도 모른다.
8. 우리 엄마는 내가 10시를 넘어서 집에 들어오면 안 된다고 항상 말한다.
9. 그 담요들은 텐트 안을 단열하기 위해 사용되었다.
10. 그 나무가 오직 한국에서만 발견되곤 했다는 것을 많은 사람들은 알지 못한다.
11. 비록 네가 그것을 이해하지 못했을지라도 너는 상실을 경험했었을 것이다.

Actual Exercise 2) 다음 주어진 문장을 분석하고 해석하세요.

1. 수천 마리의 돌고래들이 참치 잡이용 그물에 죽임을 당하곤 했다.
2. 너는 권총을 휴대하기 위해 이 주에서 면허를 딸 필요가 없다.
3. 대부분의 일하는 사람들은 수행목표를 세우고 추구하는데 익숙하다.
4. 그들은 시간이 지나감에 따라 많은 생각들과 결정들이 개선되는 것은 당연하다고 생각한다.
5. 비록 한 아이가 동굴 안에서 두려움을 느꼈을지라도, 강력한 횃불이 그에게 그 동굴의 한계를 보여주었을 수도 있다.
6. 이 애벌레들은 성체가 되기 위해 추가적인 2년을 보냈어야 했는데 실제로는 고작 1년만을 보냈다.
7. 당신은 비행기를 타기 위해 다시는 뛸 필요도, 예약을 놓칠 필요도 없게 될 것이다.
8. 나의 형제는 아마도 다른 곳에 있었을 지도 모른다. 그래서 그는 그 두려움을 경험하지 않았다.
9. 네가 더 외향적인 사람에게 끌리는 것은 당연하다.
10. 나는 지난 기말고사 결과를 만회하기 위해 더 열심히 공부해야 한다.

Actual Exercise 3) 다음 주어진 문장을 분석하고 해석하세요.

1. 나는 마지막 순간까지 기다렸다가 밤을 새우는 데 익숙해있다.

2. 그녀는 그가 수익을 직원들과 나눠야 한다고 주장했다.

3. 그는 주먹다짐을 할 바에야 타협하는 것이 낫다고 생각한다.

4. 우리는 냉장고에 남아있는 먹을 것이 아무것도 없어서, 지난 밤에 외식을 해야 했다.

5. 아마 그 전 사용자가 적절치 않게 전자레인지를 사용했을지도 모르기 때문에, 그것이 고쳐져야 할 지도 모른다.

6. 영양학자들은 모든 사람이 하루에 세 그릇에서 다섯 그릇의 채소를 먹는 것을 권장했다.

7. 몇몇 학교의 홀을 통해 걷는 것은 패션쇼의 참석한 것과 같은 느낌을 주곤 했다.

8. 비록 여자들은 초기 단계에는 진지하게 받아들여지지 않았을지 몰라도, 요즘 그들은 서핑 대회에서 좋은 성과를 내고 있다.

9. 그녀의 어머니는 그녀가 춥고 젖은 발로 학교에 도착할 것이라 걱정했지만, Lydia는 좀처럼 그녀의 마음을 바꾸려 하지 않았다.

10. 그는 새로운 정책이 모든 노동자들을 위해 이행되어야 한다고 제안했다.

11. 사고 후 그는 왼손을 사용하는 데 익숙해지고 있었다.

12. 죽기 위해 의학적인 도움을 원하는 사람들은 참을 수 없는 고통을 겪어왔었음에 틀림없다.

13. Mr. Kay가 다른 회사로의 이직을 발표하기도 전에, 관리자는 우리가 새로운 회계사(채용)를 위해 광고하는 것을 시작해야 한다고 주장했다.

C 수동태

STEP 1 형식별 수동태
p134
■ 3형식의 수동태

Exercise 1) 다음 주어진 문장을 수동태 문장으로 바꾸세요.

1. A poem is written by her.

2. A poem was written by her.

3. A poem will be written by her.

4. Our house was built by my father.

5. A window was broken by Bob.

6. Old things were broken by them.

7. My room was cleaned by me yesterday.

p136
■ 4형식의 수동태

Exercise 1) 다음 주어진 문장을 수동태 문장으로 바꿔 쓰세요.

1. → I was taught piano by my mother.
   → The piano was taught to me by my mom.

2. → My brother was given a birthday present by me.
   → A birthday present was given to my brother by me.

3. → He was asked a question by my teacher.
   → A question was asked of him by my teacher.

4. → His parents were told a lie by him.
   → A lie was told to his parents by him.

5. → I was offered a cup of coffee by her.
   → A cup of coffee was offered to me by her.

6. → I was shown his new cell phone by my friend.
   → His new cell phone was shown to me by my friend.

p138
■ 5형식의 수동태

Exercise 1) 다음 주어진 문장을 수동태 문장으로 바꿔 쓰세요.

1. You will be made sad by the movie.

2. The dog was named Toto by me.

3. The treasure chest was found stolen by them.

4. The car accident was considered a matter of triviality by the witness.

5. The soldiers were ordered to crawl by the

captain.

6. The painting was made a masterpiece by the painter.

7. The patient was seen to stand up by the nurse.

8. Children are watched to whine by me every day.

p139

▋ 자동사 + 전치사의 수동태

Exercise 1) 다음 주어진 문장을 수동태 문장으로 바꿔 쓰세요.

1. A rich family's son is taken care of by the nanny.

2. A pedestrian on the street was run over by the running bus.

3. The bomb can be set off at any time by him.

4. The jewels in a safe were locked up by his wife.

5. Our plans to go on a fishing trip was put off by us.

***현재: put, 과거: put, 과거분사: put**

Exercise 2) 밑줄 친 부분을 어법에 맞게 고치고 해석하세요.

1. was rob → was robbed

2. was filling → was filled

3. emptied → was emptied

4. be perform → be performed

5. dressed → dress

6. was excuse → was excused

7. forced → was forced

8. is cause → is caused

9. were prepare → were prepared

10. was finish → was finished

STEP 2   시제별 수동태
p142

Exercise 1) 다음 주어진 문장에서 요구하는 시제의 수동태 문장으로 바꾸세요.

1. A dress was worn by her. (과거)
   A dress was being worn by her. (과거진행)

2. Their mission is completed by them. (현재)
   Their mission has been completed by them. (현재완료)

3. Japanese will be taught by him. (미래)
   Japanese will have been taught by him. (미래완료)

Exercise 1-1) 다음 주어진 문장에서 요구하는 시제의 수동태 문장으로 바꾸세요.

1. A tower was built by the company. (과거)
   A tower will be built by the company. (미래)

2. The hive has been left by the bees. (현재완료)
   The hive was being left by the bees. (과거 진행)

3. A paintbrush will have been used by him. (미래 완료)
   A paintbrush has been used by him. (현재 완료)

p143

Exercise 2) 다음 주어진 문장에서 잘못된 부분을 시제와 태에 유의하며 고치세요.

1. My salad was being eaten.

2. He went to the store.

3. The car has been washed by the train

4. The mistake is corrected by the teacher.

5. My friends were terrified by the strange noise.

6. The water was boiled for more than 20 minutes.

7. Her parents made her sad.

8. The first car was invented by Ford in the 19th Century.

9. Her sadness was made to disappear by the funny movie.

Exercise 3) 다음 주어진 빈칸을 주어진 해석에 맞도록 주어진 단어를 활용하여 채워 넣으세요.

1. was finalized
2. was eaten
3. are being constructed
4. was given
5. has never been cleaned
6. has been run
7. had studied
8. were given
9. were being cooked
10. is being captivated

◆ 수동태 실전 독해연습

Actual Exercise 1) 다음 주어진 문장을 분석하고 해석하세요.

1. 두꺼운 스카프가 그들의 목 주변에 포근하게 둘러진다.
2. 토마토는 멕시코로부터, 파자마는 인도로부터 도입되었다.
3. 그 웅장한 5세기된 궁전은 한국인에 의해 지어졌다.
4. 식량과 의류가 수재민에게 정부에 의해 급히 수송되었다.
5. 고위 간부들은 일등석으로 여행할 자격이 있다.
6. 그가 집 밖으로 나오는 것이 목격되었다.
7. 그 합의들은 작년 회의에서 합의된 것이다.
8. 교육 문제들은 사회구성원들의 합의에 바탕을 두어 해결되어야 한다.
9. 여성들은 다른 사람들에게 좀 더 인내심이 있고 세심할 것이라 기대된다.
10. 그 선생님들은 학생들의 이름을 받아 적도록 요구되었다.
11. 목재는 환경 친화적이라고 널리 인정된다.
12. 과일들과 야채들은 암을 예방하는 것을 돕는다고 믿어진다.
13. 그러한 개인들과 기관들은 보통 대부분의 사람들에 의해 존경 받거나, 칭찬받거나, 혹은 두려움의 대상이 된다.

Actual Exercise 2) 다음 주어진 문장을 분석하고 해석하세요.

1. 세계 대부분의 지역에서, 토끼는 고기와 가죽 때문에 오랫동안 귀중히 여겨져 왔다.
2. 초콜릿이 냉장고나 냉동고에 보관될지는 모르나, 그것은 이내 다른 음식들의 냄새를 띠게 될 것이다.
3. 그의 개인의 진실성 그리고 일에 대한 지칠 줄 모르는 능력은 그를 최상위의 전문 예술가로 만드는 데 기여했다.
4. 천식이 있는 아이들 사이에서, 대기 오염의 감소는 호흡기 증상들의 감소와 항상 관련이 있었다.
5. 적당한 가격의 세단형 전기 자동차를 개발하려는 계획이 보류되었고 Sesta사는 직원들을 해고하고 있다.
6. 서구 문명의 위대한 역사에 대한 기록은 알파벳 문자의 조기 발달로 가능해졌다.
7. 최근 수십 년 간, 임금 노동에 있어서의 여성 참여가 전 세계 거의 모든 나라에서 증가해왔다.
8. 한 새로운 연구는 더 깨끗한 공기가 유년기의 폐 질환의 상당한 감소를 수반해 왔다고 발표한다.
9. 많은 사람들은 그의 잘생긴 얼굴과 좋은 말솜씨에 속아서, 그들은 그에게 투자할 자신의 모든 돈을 주었다.
10. 영화의 초반에서, 소년 또는 꼭두각시 피노키오는 '진짜 소년'이 되기 위해서, 그가 '용감하고 믿을 만하며 이타적'이라는 것을 보여줘야 한다고 들었다.

Actual Exercise 3) 다음 괄호 안에서 문법적으로 맞는 것을 고르고 해석하세요.

1. was (고대에는 태양이 최고의 신으로 널리 믿어졌다.)
2. were grown (그 양배추들은 판매용이 아니다, 왜냐하면 내가 알기로 그것들은 고작 2주 동안만 길러졌기 때문이다.)
3. was reminded (그녀는 저녁을 먹기 전에 그녀의 숙제를 해야 된다는 것이 다시 상기되었다.)
4. had been (소금은 고대에 음식을 오래 보존시키려 사용되었었다.)
5. be given (다음 주에 도시 축제에서는, 시민들은 시

장의 특별 연설을 듣게 될 것이다.)

6. was made (먼 우주의 관찰은 허블 망원경의 발명으로 가능케 되었다.)

7. voted (학생회장으로 뽑혔으니까, 너는 너의 친구들에게 더 많은 책임감과 관심을 가져야 한다.)

8. collected (희귀한 동전들을 모았던 남자는 그의 동전들 중 많은 수가 모조품이라는 것을 알게 되었다.)

9. is believed (매일 운동을 하는 것은 좋은 건강을 유지하기 위한 최선의 방법으로 믿어진다.)

10. was originally thought (고대 그리스 수학자, 에라토스테네스가 막대기 하나만을 이용하여 지구가 둥글다고 증명하기 전까지, 지구는 원래 평평하다고 생각되었다.)

11. is found, be reported (만약에 야생동물이 도시에서 발견된다면, 그것은 적절한 관리를 위해 지방 당국에게 보고되어야만 한다.)

Actual Exercise 4) 다음 괄호 안에서 문법적으로 맞는 것을 고르고 해석하세요.

1. demanded (내가 학교에 다닐 때, 나의 시간과 에너지를 요구하는 많은 것들이 있었다.)

2. were laid (그 오믈렛은 신선할 수 없다, 왜냐하면 나는 그 달걀들이 적어도 3주 전에 놓였다는 것을 알기 때문에.)
* v1. lie-laid-lain v3. lay-laid-laid 1형식은 수동태 불가능

3. has been (꿀은 매우 고대 시대부터 사용되어 왔다, 왜냐하면 이것은 초창기 인류가 설탕을 얻을 수 있는 유일한 방법이었기 때문이다.)

4. is accused, is considered (법에 따르면, 만약 누군가 범죄로 기소되면, 그는 법정이 그 사람이 유죄라고 증명할 때까지 무죄로 여겨진다.)

5. be paid (내일 기념행사 동안에, 참전용사 집단은 그들의 희생에 대해 참석자들에 의해 경의가 표해질 것이다.)

6. sent (고객들에게 부풀린 고지서를 보낸 한 회사는 연방 법을 위반한 것을 인정하였다.)

7. offered (당신은 그 기념행사에 의해 그 일자리를 제공받았으니까 이제 봉급과, 수당, 그리고 유급휴가

에 대해서 질문하기 좋은 때이다.)

8. had been stripped (로마 제국의 말기까지, 이탈리아는 숲이라는 보호막이 벗겨져왔었다.)

9. had been putting (그는 월요일까지 기한이었던 화학 과제를 미뤘었다.)

10. were domesticated (가축들은 고기와 가죽을 위해서, 그리고 농업을 위한 일하는 동물로써 길러졌다.)

11. encouraged (수십 년간, 전문가들로부터의 아이 양육 조언은 밤에 부모로부터 아기를 떼어놓도록 장려했었다.)

12. was later called (지진 후에 다섯 어린이들의 구조는 이후에 수백 명의 다른 무고한 아이들이 같은 재난으로 죽임을 당한 것을 고려할 때 기적으로 불리었다.)

Unit 5 2단계: 준동사 심화학습
A 남아있는 동사의 기능
p155

STEP 1 빈번하게 쓰이는 의미상의 주어

Exercise 1) 다음 괄호 안에서 어법에 맞는 표현을 고르세요.

1. begging (내가 한 남자가 추운 거리에서 구걸하는 것을 봤을 때 유감스러움을 느꼈다.)

2. to invite (그의 친구들은 John이 그들을 그의 생일 파티에 초대하길 원했다.)

3. stealing (Susan은 그 남자가 초콜릿 바 하나를 훔치는 것을 목격했다.)

4. to become (나의 부모님은 내가 언젠가 위대한 사람이 되길 기대한다.)

5. realized (사람들은 그들의 최악의 두려움이 다른 사람들에 의해 깨닫게 되는 것을 두려워 한다.)

6. eat (그녀의 부모님은 그녀가 어렸을 때 정크푸드를 먹게 하지 않았다.)

7. growl (마을 사람들은 그의 개가 집 앞에서 으르렁 거리게 한 것에 그를 비난했다.)

8. to answer (그 선생님은 그 학생이 그녀의 질문에 대답하길 원했다.)

9. to have (음악을 듣는 것은 내가 공부하는 동안 더 집중력을 가지도록 허락해준다.)

10. to keep (그 회사는 그의 일을 한 조건으로 유지하게 강요했다.)

Exercise 1-1) 다음 괄호 안에서 어법에 맞는 표현을 고르세요.

1. to lend (나는 남동생에게 5달러를 빌려줄 것을 부탁했다.)

2. to go (나는 저 아이를 재울 수가 없다.)

3. develop (좋은 교육은 당신이 잠재적인 재능을 계발하는 것을 도울 것이다.)

4. closing (나는 트럭이 가까이 다가오는 것을 보고 겁에 질렸다.)

5. to slip (너무 심한 눈은 많은 사람들이 길에서 미끄러지게 했다.)

6. to buy (그녀는 남편이 집으로 오는 길에 달걀 24개를 사오기를 원한다.)

7. imprisoned (그는 자신의 정적들이 투옥되게 했다.)

8. taken (Tom은 과속으로 그의 면허를 빼앗기게 됐다.)

9. to learn (John은 자신이 실수로부터 배울 수 있게 허락 함으로써 위대해졌다.)

10. pore (나는 Jim이 컴퓨터 출력물을 자세히 조사하게 하라고 들었다.)

Exercise 2) 다음 주어진 문장에서 밑줄 친 부분이 문법적으로 맞지 않다면 고치세요.

1. to take
2. cry(crying)
3. X
4. to bring
5. to meditate
6. sleep
7. sent
8. X

p157

◆ **빈번하게 쓰이는 의미상의 주어 실전 독해 연습**

Actual Exercise 1) 다음 주어진 문장을 분석하고 해석하세요.

1. 나는 구내식당 옆에 있는 새로운 미용실의 키가 큰 미용사에게 머리를 잘랐다.

2. 협박도, 설득도 그가 마음을 바꾸도록 강요할 수 없었다.

3. 이것은 흑인들이 스스로 자기 혐오를 몰아내고, 따라서 그들 자신의 정당함을 주장하는 데 도움이 된다.

4. 하등 동물은 그 조건 하에서 생존하기 위해 신체적 구조가 바뀌게 해야 한다.

5. 인적 자원의 효과적인 사용은 우리가 우리나라의 고도의 경제 발전을 성취하는 것을 가능하게 해왔다.

6. 그의 책임감은 그가 결국 자신을 희생하게 한 위험한 일을 맡도록 재촉하였다.

7. 스마트폰의 발명은 사람들이 매일의 업무를 더 쉽게 하는 응용 프로그램을 사용하도록 허락해 왔다.

8. 그는 1800년대에 뉴욕의 한 부유한 가정에서 태어났다. 이러한 환경은 그가 삶의 대부분을 방탕한 생활을 하도록 이끌었다.

9. 제대로 된 음식은 당신이 집중하도록 돕고, 의욕적인 상태로 유지하게 해주고, 기억력을 선명하게 하고, 반응 시간을 빠르게 하고, 스트레스를 줄이며, 아마도 심지어 뇌가 노화하는 것을 막을 수도 있다.

10. 소믈리에는 소비자들이 채소의 선택, 손질, 영양상의 가치에 대한 복잡함을 이해하는 데 도움을 주기 때문에 정부는 대중에게 그들의 역할을 홍보할 필요가 있다.

p160

STEP 2 to부정사에 남아있는 동사적 기능

Exercise 1) 다음 문장에서 눈에 띄는 to부정사에 남아있는 동사적 기능을 찾고 해석하세요.

1. 자체 부정 (울지 않는 것은 어려웠다.)

2. 자체 부정 (그는 음식을 많이 먹지 않는 것을 배웠다.)

3. 자체 목적어 (남편과 아내는 아이를 갖기를 오랫동안 원했다.)

4. 자체 주어, 부정 (네가 단 것들을 너무 많이 먹지 않는 것이 좋다.)

5. 시제 및 수동 표현 (뜨거운 물에 화상을 입었던 것은 매우 고통스러웠다.)

6. 수동 표현 (그는 그의 숙제를 도움 받길 결코 원하지 않았다.)

Exercise 1-1) 다음 문장에서 눈에 띄는 to부정사에 남아있는 동사적 기능을 찾고 해석하세요.

1. 자체 주어 (그가 밤을 새서 공부하는 것은 쉬웠다.)

2. 자체 부정 (그는 항상 늦기 않기 위해 뛰었다.)

3. 자체 주어, 시제 (그녀가 계획들을 바꿨던 것은 똑똑했다.)

4. 자체 주어 (네가 가난한 사람들에게 기부하는 것은 좋은 것이다.)

5. 자체 주어 (내가 개를 갖는다는 것은 신나는 일이었다.)

6. 시제 표현 (엄마는 나로부터 지켜왔던 비밀이 있는 것처럼 보였다.)

Exercise 1-2) 다음 문장에서 눈에 띄는 to부정사에 남아있는 동사적 기능을 찾고 해석하세요.

1. 자체 부정 (그녀는 어떤 뱀들도 밟지 않기 위해서 조심스러웠다.)

2. 수동 표현 (우리는 사탕에 굶주린 채로 남겨지길 절대 원하지 않는다.)

3. 자체 주어 (사람들이 추울 때 이를 딱딱 부딪히는 것은 자연스러운 것이다.)

4. 자체 주어 (그가 일출 때에 길을 나서는 것은 중요한 것이었다.)

5. 수동 표현 (나는 혼자 내 방에 남겨 지기를 원하지 않는다.)

6. 자체 보어 (시장의 장례식 때문에 그는 슬픈 척을 한다.)

7. 자체 목적어 (나는 시간이 다 되기 전에 시험을 끝낼 것을 기대했었다.)

8. 자체 주어 (나이 들기 전에 내가 가봐야 할 많은 나라들이 있다.)

STEP 3 동명사에 남아있는 동사적 기능

p163

Exercise 1) 다음 문장에서 눈에 띄는 동명사의 남아 있는 동사의 기능을 찾고 해석하세요.

1. 자체 부사구 (나는 인도 식당에서 먹는 것을 좋아한다.)

2. 자체 주어, 목적어, 시제 (교실에서 누군가 피자를 먹었던 흔적들이 있다.)

3. 자체 주어 (나는 그가 둘러 앉아 아무것도 안하는 것을 싫어한다.)

4. 자체 목적어 (그들은 경기에서 지는 것을 걱정한다.)

5. 시제 표현 (Bob은 그 마지막 쿠키를 먹었던 것을 부인했다.)

6. 자체 주어, 부사구 (지도자가 느린 음악을 튼 다음에, 모든 사람들은 침묵의 시간을 가졌다.)

Exercise 1-1) 다음 문장에서 눈에 띄는 동명사의 남아있는 동사의 기능을 찾고 해석하세요.

1. 자체 주어, 목적어 (나는 그 소년이 내 등을 토닥거리는 것을 깨달았다.)

2. 자체 주어, 시제 (나는 그녀가 수업에 결석했다고 확신한다.)

3. 시제 표현 (그 책은 세기의 작품이었기 때문에 많은 사람들에게 칭송되었다.)

4. 자체 주어 (그는 게임이 너무 빨리 끝나는 것 때문에 슬펐다.)

5. 자체 주어, 목적어 (그 시민들은 그들이 차고시설 짓는 것에 반대한다.)

6. 자체 부사구 (나는 한번도 내가 부모님들께 거짓말을 한 후에 스스로 좋게 느낀 적이 없었다.)

p165

◆ 준동사에 남아있는 동사의 기능 실전 독해연습

Actual Exercise 1) 다음 문장에서 눈에 띄는 준동사의 남아있는 동사의 기능을 찾고 해석하세요.

1. 자체 부정 (나의 개는 내가 집에 있을 때 잠을 자지 않는 경향이 있다.)

2. 의미상 주어 (그가 숙제를 잊은 것은 정상이었다.)

3. 자체 부정 (그는 그의 동생을 공주라고 부르지 않겠다는 그의 약속을 깼다.)

4. 자체 주어, 목적어 (그녀는 네가 그녀에게 선물을 준 것을 기억하지 못한다.)

5. 수동 표현 (그 동물은 지방 당국에 의해 잡혔어야만 했다.)

6. 자체 부사구 (그들의 아름다움을 유지하기 위해 잠을 자는 여자들은 'beauty queens' 라고 여겨진다.)

7. 자체 부정, 수동 (몇몇의 노동자들은 제 시간에 돈을 받지 못함에 화를 냈다.)

8. 자체 부정 (그는 속물이 되지 않기 위해 결코 노력하지 않는다.)

9. 수동 표현 (고용될 가능성은이 자격 요건에 달려있다.)

10. 수동 표현 (어젯밤에, 그녀는 차에 치일 뻔한 것을 간신히 피했다.)

Actual Exercise 2) 다음 문장에서 눈에 띄는 준동사의 남아있는 동사의 기능을 찾고 해석하세요.

1. 수동 표현 (매일 심해지는 너의 등 통증은 너무 늦기 전에 치료될 필요가 있다.)

2. 의미상 주어 (보통 사람이 스카이다이빙 실험에 참가하는 것은 흔하지 않다.)

3. 의미상 주어 (누구라도 요리하는 것은 쉽다. 하지만, 맛있는 식사를 만드는 것은 어렵다.)

4. 의미상 주어 (그가 우리 회사에 있는 모든 구성원들의 이름들을 기억하는 것은 사려 깊은 것이다.)

5. 의미상 주어 (그 당시에는 건설 회사들이 원자재를 구하는 것이 매우 어려웠다.)

6. 의미상 주어 (만성적인 흡연자가 그 습관을 버리는 것은 초보자가 하는 것보다 더 어렵지만 그것은 가능하다.)

7. 수동 표현 (그들은 집에서조차도 주요 언어가 부모 모두에 의해 아이에게 말해지도록 준비한다.)

8. 부정 표현 (내 여동생의 팔꿈치가 치료되었을 때, 다시는 테니스를 칠 수 없을 것이라는 그녀의 두려움이 누그러졌다)

9. 의미상 주어, 수동 표현 (전국적으로, 이것은 초등교육을 받는 거의 500,000명의 아이들이 영향을 받고 있

는 것과 같다.)

Actual Exercise 3) 다음 문장에서 눈에 띄는 준동사의 남아있는 동사의 기능을 찾고 해석하세요.

1. 의미상 주어 (나의 부모님들께서는 내가 아이들을 키울 때 보기 위해 나의 어릴 시절 사진앨범을 만드셨다.)

2. 자체 목적어 (글을 정리하는 마지막 방법은 비교적 간단한 개념에서부터 더 복잡한 것으로 진행하는 것이다.)

3. 의미상 주어 (수출에서의 증가를 야기시키기 위해서, 우리가 품질이 좋고 값싼 상품을 파는 것이 중요하다.)

4. 수동 표현 (잘 알려지지 않은 마을의 가난하고 의지할 데 없는 사람들에 대한 그녀의 평생의 헌신 이후에도 해결되어야 할 많은 문제들이 여전히 남아 있다.)

5. 수동 표현 (전체적으로 신세계에서, 콜럼버스가 도착한 그 세기 또는 그 다음의 2세기의 아메리칸 인디언 인구의 감소는 95퍼센트에 달했던 것으로 추정된다.)

6. 수동 표현 (이누이트족이 그들의 카약을 타고 북극을 최초로 탐험했을 때, 그들은 혹한의 기온, 화난 북극곰들 그리고 이동하는 얼음들 사이에서 으스러질 위험에 직면했다.)

7. 시제 및 수동 표현 (만약 소비자들이 제철이 아닌 농산물을 사면, 그것은 인공적인 환경에서 재배되었거나 이르게 수확되어서 장거리 수송되었을 가능성이 높다.)

B 준동사 관용표현

STEP 1 to 부정사의 관용표현
p169

Exercise 1) 다음 to부정사의 관용구에 유의하면서 해석하세요.

1. 그는 너무 느려서 그 경주에서 이길 수 없다.

2. 그 여자는 너무 부유해서 그 전체 가게를 샀다.

3. 우리는 그 축구경기를 볼 수 있을 만큼 충분히 일찍 일어났다.

4. 그는 그 경주에서 이길 수 있을 만큼 충분히 빠르다.

Exercise 2) 다음 주어진 문장에 맞게 영작하세요.
(예시 답안입니다.)

1. I don't have enough money to buy that car.
2. He is so fast as to finish his homework quickly.
3. She was too late to buy the ticket.
4. He has enough money to buy that building.

STEP 2 동명사의 관용표현
p171

Exercise 1) 다음 동명사의 관용표현에 유의하면서 해석하세요.

1. 그녀는 그녀의 시험 점수를 올리는데 어려움을 겪고 있다.
2. 너는 도로를 건널 때 서둘러야 한다.
3. 우리는 이번 겨울에 스키를 타러 갈 것이다.
4. 나는 내 차를 닦느라 바쁠 것이다.
5. 관중들을 알아채자마자, 우리는 다음 코너에서 돌았다.
6. 잡히지 않고 훔치는 것은 불가능 하다.
7. 나는 결코 내 숙제를 끝낼 수 없다.
8. 더 많은 돈을 요구해도 소용없다.
9. 나는 설거지를 함으로써 나의 부모님들을 기쁘게 하려고 노력했다.
10. 그녀는 초콜릿을 먹지 않을 수 없다.
11. 나의 남형제는 항상 나를 괴롭히고 싶어한다.
12. 나는 내 전화요금을 내는데 나의 모든 돈을 썼다.

Exercise 2) 다음 주어진 문장에 맞게 동명사의 관용표현을 써서 영작하세요. (예시 답안입니다.)

1. There is no catching a taxi in this area.
2. It is necessary to make a reservation in eating the restaurant.
3. I spent half the day finishing my assignment.
4. (Up)on arriving at school, I ran into the bathroom.
5. By crying hard, he expressed his anger.
6. Jim will go skiing this winter.
7. I had difficulty collecting information.

8. I cannot help falling asleep during the class.
9. I am busy studying for the exam.
10. It is no use begging for money.
11. I feel like sleeping in tomorrow.
12. She is far from a beauty.

Exercise 2-1) 다음 주어진 문장에 맞게 동명사의 관용표현을 써서 영작하세요. (예시 답안입니다.)

1. I will go dancing with Joy this evening.
2. There is no using cellphone during the class.
3. He is having difficulty turning the computer on.
4. Good manners are necessary in dating a girl friend.
5. I cannot help criticizing him.
6. He wasted money buying a car.
7. She will be busy cleaning the house.
8. (Up)on watching the movie, I fell into deep thought.
9. It is no use fixing the radio.
10. By cleaning the room fast, Cathy could go meet her friend.
11. He is far from nice.
12. I feel like taking a break today.

p174

◆ 준동사 관용표현 실전 독해연습

Actual Exercise 1) 다음 주어진 문장을 준동사의 관용표현에 유의하며 해석하세요.

1. 그는 배가 너무 고파서 10미터도 더 걸을 수 없었다.
2. 나는 세 개의 옷장을 채울 만큼의 충분한 옷을 가졌다.
3. 우리 개는 너무 크게 자라서 우리가 집에 둘 수 없다.
4. 그 건물은 구름에 닿을 만큼 충분히 높다.
5. 자정 기차를 탐으로써, 우리는 해가 뜨기 전에 도착할 것이다.
6. 나는 내 모든 돈을 오토바이 사는 데에 쓸 것이다.

7. 많은 십대들은 사춘기 동안 그들의 부모님들을 대처하는 것에 어려움을 겪는다.

Actual Exercise 2) 다음 주어진 문장을 준동사의 관용표현에 유의하며 해석하세요.

1. 그 책은 너무 어려워서 이 아이가 읽을 수 없다.
2. 우리는 너무 늦어서 만화 프로그램을 볼 수 없었다.
3. 아버지는 너무 행복해서 우리를 비싼 식당에 데려갔다.
4. 우리가 저 선을 넘으면 다시 되돌아가는 것은 불가능 하다.
5. 이 상품을 파는 것은 우리의 다음 프로젝트를 시작할 수 있을 만큼 충분한 돈을 생산할 수 있었다.
6. 우리 모두는 두 번째 피자의 사이즈를 보자마자 포기했다.
7. 감사하는 마음으로, 그 도시 사람들은 그 시장을 위한 깜짝 파티를 준비했다.
8. 너의 숙제를 하느라 바쁠 것이라고 말하지 마, 나는 네가 자고 있을 거란 걸 알아.

Actual Exercise 3) 다음 주어진 문장을 준동사의 관용표현에 유의하며 해석하세요.

1. 공유를 함으로써, 우리는 의견을 얻고 해결책을 찾을 수 있다.
2. 한 잔의 커피는 점심때까지 버티기에는 충분하지 않다.
3. 그 가방은 너무 무거워서 내가 들어 올릴 수 없었다.
4. 그는 타이어를 교체하는데 있어서 전문가이다.
5. 그 수학 문제는 너무 어려워서 그 학생이 답을 할 수 없었다.
6. 네가 통제하지 못하는 과거의 일을 걱정해봐야 소용없다.
7. 이 현상은 너무 자주 묘사되어와서 그 주제에 대한 더 이상의 진부한 표현이 필요 없다.
8. 그 작품은 그녀 인생의 이 시기에 이렇게 논란이 많은 주제를 떠맡는 데 있어서 강렬한 결의를 보여 준다.
9. 많은 전문가는 TV와 라디오 방송망이 너무 편향되어 있어서 그 경주를 공정하게 다룰 수 없다고 비판했다.

Unit 6 3단계: 절 심화학습
A 분사구문
STEP 1 분사구문 만들기
p179

Exercise 1) 다음 문장을 분사구문으로 만드세요.

1. The woman making an order, he looked at me.
2. Walking down the street, I saw a dog barking.
3. She showed me her cat, asking me if it was cute.
4. Jack having lost a lot of weight, I could not recognize him.
5. Not being there, I cannot answer any of your questions.
6. Having spent all her money, she had to borrow some money from her mother.
7. Wanting to stay alone, I turned off my phone.

Exercise 2) 다음 분사구문이 포함된 문장을 해석하세요.

1. 걱정할 것 없이, 그녀는 항상 행복했다.
2. 그들이 숙제를 하는 동안, 그는 자고 있었다.
3. 몸무게 20파운드 이상을 빼서 만족한, 그는 피자 먹기를 주저했다.
4. 집에 아기가 있어서, 나는 시끄러운 음악을 연주하지 않았다.
5. 전 여자친구를 우연히 만났을 때, 나는 한마디 말도 할 수 없었다.
6. 비록 그에게 화가 났지만, 나는 그에게 말을 걸려고 했다.
7. Terry가 공부에 집중한 채로 있어서, 아버지를 그를 방해하지 않으셨다.

Exercise 2-1) 다음 분사구문이 포함된 문장을 해석하세요.

1. 그 개를 바라봤을 때, 그녀는 그 개가 그녀에게 달려오고 있다는 것을 알았다.
2. 그의 여자형제가 집에서 자고 있는 동안, Paul 공항

으로 향하고 있었다.

3. 무언가가 의심쩍다고 생각해서, 그녀는 경찰에 전화했다.

4. 그의 말에 상처받은, 그녀는 사과를 원했다.

5. 신난 우리는 더 많은 친구들을 초대하기로 선택했다.

6. 그 다른 사람들은 그들이 무언가를 놓치고 있다고 생각하면서 속상해했다.

7. 그녀는 개에게 다가가서 뼈 하나를 먹였다.

8. 훌륭한 사람들에 의해 둘러싸여 있어서 나는 자랑스러웠다.

STEP 2 with 분사구문
p181

Exercise 1) 다음 빈칸을 주어진 한글해석에 맞게 with와 주어진 단어를 활용하여 영작하세요.

1. with her eyes closed
2. with his arms folded
3. with her legs crossed
4. with the light turned on
5. with his mouth (being) full

Exercise 1-1) 다음 빈칸을 주어진 한글해석에 맞게 with와 주어진 단어를 활용하여 영작하세요.

1. with tears running down his face
2. with a cat (being) on his lap
3. with my laptop turned off
4. With many people (being) ill
5. With her eyes (being) wide open

p182

◆ 분사구문 실전 독해연습

Actual Exercise 1) 다음 주어진 문장에 쓰인 분사 문구를 유의하며 해석하세요.

1. 길을 따라 걷다가 그는 나무 뿌리에 걸려 넘어졌다.

2. 혼란에 빠진 채로 그는 회의실을 떠났다.

3. 지갑에 돈이 없었기 때문에 그는 10 킬로미터 이상을 걸어가지 않을 수 없었다.

4. 은행 앞에 주차된 내 차가 불법 주차로 인해 견인되었다.

5. 그의 질문들이 박탈당하면, 그 기자는 정체성을 가지지 못한다.

6. 그 소포는 주소가 잘못 쓰여 있어서 그에게 늦고 손상된 상태로 도착했다.

7. 그들의 인권 기록은 여전히 최악으로 남아 있으며, 그 나라에서는 다른 학대들도 발생했다.

8. 한쪽 발은 중국에, 다른 한쪽 발은 네팔에 두고 세상의 정상에 다리를 벌리고 서서, 나는 내 산소마스크에서 얼음을 떼어냈다.

9. IBM과 AT&T와 같은 오래된 거대 기업들은 더욱 효율적이고 경쟁력을 지니기 위해 규모를 줄이면서, 수천 명의 근로자들을 해고했다.

10. 그 도시의 경찰력이 25퍼센트 이상 줄었기 때문에, 민간 경비는 디트로이트의 거의 없는 성장 산업들 중 하나로 보인다.

11. 새로 지어진 회의실은 더 고급 시설들을 갖추고 있지만, 이전 것보다 더 적은 사람을 수용한다.

12. 모든 주요 종합대학과 단과대학들이 소위 창의적인 글쓰기 수업을 제공하기 때문에, 소설가들과 시인들은 그 자리를 차지하기 위해 계속해서 할퀴고 서로 다투고 있다.

13. 다시 고개를 돌리며 그는 길의 구부러진 곳을 지났고, 다시 앞을 보았을 때 그는 고목의 기슭에 앉아 있는 근엄하고 품위 있는 복장을 한 한 남자의 형상을 보았다.

14. 지난해 보안 조사원 Nils Roddy(닐스 로디)는 단지 노트북과 40달러의 값어치가 있는 특수 장비만을 사용해서 30,000달러에서 35,000달러 사이의 비용이 나가는 무인 비행기 한 대를 탈취할 수 있다고 주장했다.

15. 국내 비행에 대한 부진한 수요를 되살리려는 시도로, 항공사들은 기차를 타는 것보다 더 저렴하고 더 빠른 한국 내 당일 여행을 위한 여행 패키지를 제공하기 위해 연방 및 지역 정부뿐만 아니라 여행사와 함께 일해오고 있다.

B 가정법

STEP 1 가정법 과거와 과거완료
p184

Exercise 1) 주어진 내용을 참고로 해서 동사를 알맞은 형태로 바꾸세요.

1. told
2. had told
3. had been
4. were
5. passed

STEP 2 혼합 가정법
p185

Exercise 1) 주어진 내용을 참고로 해서 동사를 알맞은 형태로 바꾸세요.

1. had started
2. had kept

▋ 가정법 종합

Exercise 2) 주어진 틀에서 벗어나지 않는 선에서 자유롭게 영작하세요. (예시 답안입니다.)

1. If you met him, you would be happy. ~당신은 행복할 텐데.
2. If you had met her, you could buy the house. ~당신은 그 집을 살 수 있을 텐데.
3. If you hadn't met her, you would have been happy. ~당신은 행복했을 텐데.
4. If she had taken the class, she would have found the answer for the question. ~그녀는 문제의 답을 찾았을 텐데..
5. If you had not met him, you would not have children. ~당신은 자녀가 없었을 텐데.

STEP 3 여러 가지 가정법
p187

Exercise 1) 다음 주어진 문장의 괄호 안에서 알맞은 것을 고르세요.

1. were
2. had met
3. were
4. had read
5. were
6. could not
7. couldn't have finished
8. had
9. hadn't told

Exercise 2) 다음 주어진 단어를 활용하여 가정법으로 영작하세요. (예시 답안입니다.)

1. He wishes she donated him something.
2. He wished she donated him something.
3. She tries to talk as if she were not sad.
4. He acted as if he had been sick.
5. He started crying as if his soul were hurt.

Exercise 3) 주어진 틀에서 벗어나지 않는 선에서 자유롭게 영작하세요. (예시 답안입니다.)

1. I wish he would cooked for me.
2. I wished I had been/were smarter.
3. She sings as if she were a singer.
4. He talked as if he were dreaming.
5. Without my dog, I would be sad.
6. Without his help, it would have been impossible to get an A.

p189

◆ 가정법 실전 독해연습

Actual Exercise 1) 다음 주어진 문장을 분석하고 해석하세요.

1. 내가 대학생이었을 때 생물학을 공부했다면 좋을 텐데.
2. 만약 내가 충분한 돈이 있다면, 멋진 요트를 살 텐데.
3. 우리가 작년에 그 아파트를 구입했었더라면 좋을 텐데.

4. 그는 마치 자신이 미국 사람인 것처럼 유창하게 영어로 말한다.

5. 만약 그가 은행에서 더 많은 돈을 찾았다면, 그는 그 신발을 살 수 있었을 것이다.

6. 만약 내가 그녀의 파티에 참석하지 않는다면, 그녀는 기분이 상할 텐데.

7. 나의 명령을 따랐다면, 그들은 징계를 받지 않았을 것이다.

8. 만약 내가 그 책이 있었다면, 너에게 빌려줄 수 있었을 텐데.

Actual Exercise 2) 다음 주어진 문장을 분석하고 해석하세요.

1. 그녀가 콘서트에 왔다면 좋아했을 텐데.

2. 만약 내가 너의 충고를 따랐었다면, 나는 (지금) 매우 건강할 텐데.

3. 뉴턴이 없었다면 중력법칙은 발견되지 않았을 텐데.

4. 내가 러시아어 공부를 몇 년만 더 일찍 시작했었다면, 나는 지금 러시아어를 더 잘 말할 텐데.

5. 만약 국제 무역이 존재하지 않는다면, 많은 상품들은 시장에서 구할 수 없을 텐데.

6. 만약 태풍이 접근해오지 않았었더라면 그 경기가 열렸을 텐데.

7. Jenny가 2월 28일까지 지원을 했더라면, 대학교는 봄 학기에 그녀를 받아들였을 텐데.

8. 이라크의 상황은 매우 심각해 보여서 마치 제3차 세계대전이 언제라도 일어날 것 같았다.

Unit 7 비교
A 원급 비교
STEP 1 원급 비교
p192

▌원급 비교

Exercise 1) 다음 주어진 문장을 해석하세요.

1. 그녀는 내가 그랬던 것만큼 심하게 울었다.

2. 그는 나만큼 잘생기지는 않았다.

3. 그는 딱 내가 가진 것만큼 큰 집을 가지고 있다.

4. 그녀는 그들이 그런 것만큼 많이 그를 싫어한다.

5. 그녀는 그를 사랑하는 것만큼 많이 너를 사랑한다.

p193

▌배수 비교

Exercise 1) 다음 주어진 문장을 해석하세요.

1. 그는 그녀가 먹는 것의 두 배만큼 음식을 먹는다.

2. Tom은 그 상품 가격의 두 배만큼을 지불했다.

3. Tom은 Chris보다 세 배 세다.

STEP 2 원급으로 최상급 표현
p194

Exercise 1) 다음 주어진 문장을 해석하세요.

1. 그는 가능한 빨리 달렸다.

2. 제발 가능한 빨리 돌아와.

3. 그는 지금까지 살았던 어느 누구보다도 훌륭한 예술가이다.

4. 그녀는 한국에서 어떤 소녀보다 아름답다.

5. Tom은 극도로 슬프다.

STEP 3 원급 비교 관용표현
p196

Exercise 1) 다음 주어진 문장을 해석하세요.

1. 그는 여전히 게으르다.

2. 그녀는 요리사기보다는 의사이다.

3. 그는 그의 이름조차도 기억하지 못한다.

4. 그는 무려 6명이나 되는 애들을 데리고 있다.

5. 그는 무려 천만 달러나 가지고 있다.

6. 나는 그를 바로 어젯밤에 만났다.

7. 나는 파산한 것이나 다름없다.

B 비교급
STEP 1 비교급과 최상급 만들기
p198

Exercise 1) 다음 주어진 단어의 비교급과 최상급을 만드세요.

1. smarter/ smartest
2. hotter/ hottest
3. prettier/ prettiest
4. more famous/ most famous
5. more beautiful/ most beautiful

Exercise 1-1) 다음 주어진 단어의 비교급과 최상급을 만드세요.
1. bigger/ biggest
2. shorter/ shortest
3. earlier/ earliest
4. more humorous/ most humorous
5. more useful/ most useful

Exercise 1-2) 다음 주어진 단어의 비교급과 최상급을 만드세요.
1. farther /(the) farthest
2. better/(the) best
3. worse/(the) worst
4. more/(the) most
5. less/(the) least

STEP 2 비교급
p199
Exercise 1) 다음 주어진 문장을 해석하세요.
1. 그는 나보다 훨씬 더 열심히 연습했다.
2. 그녀는 내가 예상한 것보다 더 많은 주목을 받았다.
3. 이 컴퓨터는 저 컴퓨터보다 단연 우월하다.

STEP 3 비교급으로 최상급 표현
p200
Exercise 1) 다음 주어진 문장을 해석하세요.
1. 나는 다른 어떤 학생들보나 높은 점수를 받았다.
2. 그녀는 그녀의 학교의 모든 다른 학생들보다 더 똑똑하다.
3. 그는 나라에서 다른 누구보다 나이가 많다.
4. 세상에 이 다리보다 더 긴 강은 없다.

p203
STEP 4 비교급 관용구 1
Exercise 1) 보기의 해석을 참고하여 주어진 예문을 해석하세요.
1. 그녀가 그렇지 않은 것처럼 그도 똑똑하지 않다.
2. 그녀가 그렇지 않은 것처럼 나도 배가 고프지 않다.
3. 나는 키가 고작 150센티이다.
4. 그의 동생이 그렇지 않은 것처럼 그도 창의적이지 않다.
5. 네가 일본인이 아니듯 나는 중국인이 아니다.
6. 그는 고작 거짓말쟁이일 뿐이다.

Exercise 1-1) 보기의 해석을 참고하여 주어진 예문을 해석하세요.
1. 접시가 비싼 것과 마찬가지로 저 컵은 비싸다.
2. 버스가 빠른 것과 마찬가지로 내 자동차도 빠르다.
3. 저 건물만큼이나 이 건물도 높다.
4. 네 고양이만큼이나 내 고양이도 귀엽다.
5. 내 아들은 너의 딸만큼이나 귀엽다.
6. 그녀는 Jane만큼이나 아름답다.

Exercise 1-2) 보기의 해석을 참고하여 주어진 예문을 해석하세요.
1. 그 병은 많아야 반이 차있다.
2. Tom은 그의 남동생보다 더 멍청하지 않다.
3. 그녀는 많아야 50살이다.
4. 그 기둥은 저 나무보다 더 가늘지 않다.

Exercise 1-3) 보기의 해석을 참고하여 주어진 예문을 해석하세요.
1. 저 개는 그의 아들 못지않게 똑똑하다.
2. 너는 적어도 한 주 동안 차분하게 있어야 해.
3. Kate는 아이 못지않게 키가 작다.
4. 그녀는 적어도 3일간은 시험 공부를 해야 한다.

Exercise 1-4) 보기의 해석을 참고하여 주어진 예문을 해석하세요.
1. 저 빵의 냄새는 양말과 다름없다.

2. 그 학교는 콘서트 홀과 다름없다.

3. 그녀는 그의 아버지와 다름없다.

4. 그는 사기꾼과 다름없다.

Exercise 1-5) 보기의 해석을 참고하여 주어진 예문 을 해석하세요.

1. 나는 더 이상 캠핑하러 가지 않는다.

2. Bob은 더 이상 늦잠 자지 않는다.

3. 나는 더 이상 교회에 다니지 않는다.

4. 나는 더 이상 그녀에 대해 생각하지 않는다.

Exercise 1-6) 보기의 해석을 참고하여 주어진 예문 을 해석하세요.

1. 나는 시험에서 부정 행위를 할 만큼 어리석지 않다.

2. 그는 그의 소지품을 잃어버릴 만큼 어리석지 않다.

3. 나는 침묵하고 있을 정도로 어리석지 않다.

4. 그녀는 길을 잃을 만큼 어리석지 않다.

STEP 5 비교급 관용구 2
p206

Exercise 1) 다음 주어진 문장을 해석하세요.

1. 먹으면 먹을수록, 더 살찐다.

2. 읽으면 읽을수록, 나는 우울해진다.

3. 다이아몬드가 크면 클수록, 더 비싸다.

4. 나는 더 먹으면 먹을수록, 그가 덜 싫어진다.

5. 그의 아들은 점점 더 커졌다.

6. 우리가 북으로 갈수록 점점 더 추워졌다.

7. 수영장이 깊으면 깊을수록, 더 위험해진다.

C 최상급

STEP 1 최상급
p208

Exercise 1) 다음 주어진 문장을 해석하세요.

1. 그는 그 학교에 소년들 중 가장 키가 크다.

2. 서울은 세계에서 가장 분주한 도시들 중에 한 곳이 다.

3. 그는 내가 봐온 가장 똑똑한 남자이다.

4. 오사카는 일본에서 두 번째로 분주한 도시이다.

5. 그는 사무실에서 가장 달콤한 남자들 중에 한 사람 이다.

6. 그녀는 나의 가장 친한 친구이다.

7. 오늘은 올해 중 가장 더운 날이다.

8. 이것은 그가 살면서 한 최고의 결정들 중 하나이다.

STEP 2 최상급 관용구
p208

Exercise 1) 다음 주어진 문장에서 최상급 관용구를 유의하며 해석하세요.

1. 그녀는 조금도 실망하지 않았다.

2. 그는 많아야 10살이다.

3. 샐러드는 신선하지 않다, 하지만 적어도 저렴하다.

4. 그 새로운 정책은 기껏해야 3일동안 유지될지 모 른다.

p210

◆ 비교 실전독해연습

Actual Exercise 1) 다음 주어진 문장을 해석하세 요.

1. 그녀는 학급에서 다른 어떤 소녀보다 아름답다.

2. 전 세계에서 Bolt보다 빠른 사람은 없다.

3. 이것은 우리가 예상했던 것만큼 간단한 문제는 아 니다.

4. 그녀의 어머니에 대해서는 겨우 네가 아는 것만큼 안다.

5. Jane은 보기만큼 젊지 않다.

6. 전화하는 것이 편지 쓰는 것보다 더 쉽다.

7. 사업을 시작하는 것이 사업을 잘 운영하는 것보다 훨씬 더 쉽다.

8. 그녀는 등산은 말할 것도 없고, 야외에 나가는 것을 좋아하지 않는다.

9. 독자는 훨씬 더 많은 배경 정보와 더 많은 세부 사항 들을 경험한다.

10. 그녀는 자신이 더 낫지는 못할지라도, 그 남자만큼 훌륭한 수영선수라고 생각했다.

11. 그는 다른 어떤 사람보다 새로운 아이디어에 더 수

용적이라고 널리 알려져 왔다.

12. 나이를 먹음에 따라, 이 속담의 의미를 분명히 알게 될 것이다.

Actual Exercise 2) 다음 주어진 문장을 해석하세요.

1. 사람의 가치는 재산보다도 오히려 인격에 있다.

2. 그것들은 지구상에서 진화한 가장 큰 동물인데, 공룡들보다 훨씬 크다.

3. 그녀는 나의 엄마가 좋아하지 않았던 만큼이나 아메리카 원주민이라는 용어를 좋아하지 않았다.

4. 도시가 추워질수록 그 도시는 화려한 조명과 장식들로 더 밝아진다.

5. 그의 최신 영화는 이전 영화들보다 훨씬 더 지루하다.

6. 당신이 나이가 들어가면 들어갈수록 그만큼 더 외국어 공부하기가 어려워진다.

7. 벌과 꽃만큼 친밀하게 연관되어 있는 생물은 거의 없다.

8. 한두 달밖에 안된 아기들은 말소리를 구별할 수 있는 능력이 있다.

9. 디즈니랜드의 방문객들은 겨우 5분간 지속되는 놀이기구를 위해 비싼 입장료를 지불하고 몇 시간을 기다린다.

10. 과학의 역사에서 갈릴레오의 물체의 운동에 관한 업적은 적어도 그의 천문학적 관찰들만큼 근본적인 공헌이었다.

Unit 8 특수구문

A 강조

STEP 1 강조구문

p215

Exercise 1) 다음 문장에서 어떤 요소가 강조된 건지 찾고 해석하세요.

1. (목적어) 내가 그리워한 건 바로 너였다.

2. (목적어) 내가 공원에서 본 사람은 바로 그녀의 남동생이었다.

3. (부사구) 내가 반지를 잃어버린 건 바로 그 버스 안에서였다.

4. (주어) 나에게 괜찮다고 말해준 사람은 바로 나의 어머니였다.

Exercise 2) 다음 주어진 문장이 강조구문인지 진주어가주어 구문인지 구별하고 해석하세요.

1. 진주어 (그가 경고 사인들을 무시한 것은 어리석은 것이었다.)

2. 강조 (군중 앞에서 노래 부른 것은 바로 나의 아들이었다.)

3. 강조 (항상 나를 지지하는 것은 바로 당신이다.)

4. 강조 (나를 웃게 한 것은 바로 재미있는 이야기였다.)

5. 진주어 (그가 빨리 달릴 수 있다는 것은 거짓말이다.)

p216

◆ **강조구문 실전 독해연습**

Actual Exercise 1) 다음 주어진 문장에서 강조구문을 주의해서 해석하세요.

1. 당신을 성공으로 이끄는 것은 재능이 아니라 열정이다.

2. 끝까지 생존하는 생물은 가장 강한 생물도, 가장 지적인 생물도 아니고, 변화에 가장 잘 반응하는 생물이다.

3. 내가 옳은 일을 했다는 것을 안 것은 내가 민주당원들뿐만 아니라 공화당원들로부터 정치적으로 전면적인 지지를 받았을 때였다.

4. 지원자가 상냥한 사람처럼 보이는지가 단 하나의 중요한 요소였다.

B 병렬

p218

▌ **등위접속사에 의한 병치**

Exercise 1) 다음 주어진 문장의 병렬구조를 파악하고 해석하세요.

1. 그는 아들이며, 아버지이자, 남편이다.

2. 그녀는 아름답고, 정력적이며, 똑똑하다.

3. 그 일은 능숙하고 기술적으로 행해졌다.

4. 그녀는 신뢰할 수 있고 항상 최선을 다하는 사람을 좋아한다.

5. 화나고 무서웠던, 그녀는 기절했다.

6. 그는 그녀의 어머니를 위해 요리하고 그녀가 그 음식에 대해 이야기하는 것을 듣는 것을 좋아한다.

7. 그는 차를 운전하고 자전거를 고치는 것을 잘한다.

STEP 2 상관접속사에 의한 병치
p219

Exercise 1) 다음 주어진 문장의 병렬구조를 파악하고 해석하세요.

1. 셰익스피어는 음악가가 아니라 극작가이다.

2. 그는 과학자이며 예술가임에 틀림없다.

3. Peter는 그 나이든 예술가에게 엄청난 흥미가 있을 뿐 아니라 존경심도 가지고 있다.

4. David는 관리자가 되거나 해고당할 것이다.

5. 그는 그녀가 예쁘지도, 매력이 있지도 않다고 말했다.

p220

◆ 병렬 실전 독해연습

Actual Exercise 1) 다음 주어진 문장을 병렬구조에 유의하며 해석하세요.

1. 우리의 뇌는 악행을 저지르게 할 뿐만 선행도 하게 한다.

2. 인생의 비밀은 좋아하는 것을 하는 것이 아니라, 해야만 하는 것을 좋아하도록 노력하는 것이다.

3. 사랑은 서로를 응시하는 것에 있지 않고, 같은 방향을 함께 바라보는 것이다.

4. 나는 결코 어떤 것도 우연히 하지 않았으며, 내 발명 중 어느 것도 우연히 이루어진 것은 없었다.

5. 자원봉사자들은 그들이 가치가 없기 때문이 아니라, 매우 귀중하기 때문에 보수를 받지 않는다.

6. 지혜는 우리가 정보와 지식을 얻고 좋은 결정을 하기 위해 그것들을 이용할 수 있게 한다.

7. 그는 내 고통의 원인을 알지 못했고, 이 불치병을 치료하기 위해 잘못된 방법들을 찾았다.

8. 열기는 빙하와 빙해를 녹이고 있을 뿐만 아니라 강수량의 패턴 또한 변화시키고 있으며 동물들을 이동하도록 만들고 있다.

9. 풍자의 대상들은 주로 종교, 정치, 혹은 사업에 종사하는 사람들과 같이 권력과 영향력이 있는 사람들이나 기관들이다.

Actual Exercise 1-1) 다음 주어진 문장을 병렬구조에 유의하며 해석하세요.

1. 그 대통령의 연설은 주로 라틴 아메리카에 중점을 두었고, 특히 콜롬비아의 마약 문제를 겨냥했다.

2. 범죄 용의자들은 또한 판사 대신에 12명의 대등한 사람들, 즉 그들과 같은 일반인인 배심원이 의해서 판결되는 재판을 받을 권리를 갖는다.

3. 일부 현대 작가들은 신체의 특정 부분의 의도적인 은폐가 성적인 관심을 막는 한 방법으로써가 아니라, 그것을 자극하기 위한 교묘한 장치로써 비롯되었다고 믿는다.

4. 창의력은 문제에 대해 독창적이고 실용적이며 의미가 있는 해결책들로 이끌어내거나 예술적 표현에 대한 새로운 생각이나 형태를 만들어 내는 방식으로 생각하는 것이다.

5. 어린 여성은 발목까지 오는 흰색 또는 파스텔 색 드레스를 입고 들러리와 남성 동반자로써 역할을 하는 14명의 친구와 친척들에 의해 수행을 받는다.

6. 배우이자 감독이자 교사로서, 그는 그와 함께 일했고 그의 밑에서 일했던 또는 그를 무대에서 볼 특권을 가졌던 많은 이들에게 영향을 미치고 영감을 줄 운명이었다.

7. 개인적인 차원에서, 나의 어머니는 5학년까지만 마쳤으며, 우울증을 앓는 가운데 과부가 됐고, 일하기에는 너무 어린 여섯 명의 아이들이 있었다.

8. 그들은 가정에서의 그들의 삶, 미래에 대한 희망, 그들이 지난해를 어떻게 보냈으며 Wild Warrior(와일드 워리어)의 기억을 어떻게 추모할 계획인지에 대해 터놓고 말한다.

9. 그는 서랍에서 사진 한 장을 꺼내 깊은 존경을 담아

입을 맞추고, 하얀 실크 손수건으로 그것을 조심스럽게 감싸 그의 셔츠 속 그의 심장 옆에 놓았다.

C 도치구문

STEP 1 부정어 도치

STEP 2 only 부사구 도치

STEP 3 장소부사구 도치

p224

■ 부정어 도치

Exercise 1) 다음 주어진 문장을 해석하세요.

1. 나는 그를 만나게 될 것이라고 거의 생각하지 못했다.

2. 학교에서는 Chris를 찾아보기 힘들다.

3. 나는 그처럼 영리한 여학생을 본적이 없다.

■ only 부사구 도치

Exercise 1) 다음 주어진 문장을 해석하세요.

1. 그때서야 나는 내가 얼마나 어리석었는지를 깨달았다.

2. 많은 노력을 동반해야 사람은 성공할 수 있다.

3. 그는 공항에 도착해서야 여권을 가져오는 것을 깜빡했다는 것을 깨달았다.

■ 장소부사구 도치

Exercise 1) 다음 주어진 문장을 해석하세요.

1. 그 상점 안에는 몇몇 종류의 와인이 있었다.

2. 그 바구니 안에 오렌지들이 있다.

3. 승강장에는 검은 드레스를 입은 여자가 있었다.

4. 어떤 상황에서도 너는 이곳을 떠나면 안 된다.

p225

◆ 도치 실전 독해연습

Actual Exercise 1) 다음 주어진 문장을 도치를 고려하여 해석하세요.

1. 100야드 떨어진 곳에는 큰 탑들이 있다.

2. 오로지 그들을 인정함으로써, 너는 더 명확한 그림을 얻기 시작할 수 있다.

3. 신병들이 훈련을 시작하자마자 그들은 전투에 보내졌다.

4. '이윤'만큼 상당히 미묘한 헛소리와 혼란으로 더럽혀지는 단어들은 거의 없다.

5. 그 오지에는 'stations'이라 불리는 거대한 양과 소의 방목장들이 있다.

6. 어떠한 경우에도 고객의 돈은 환급되지 않았다.

7. 그녀가 너무 꼴불견이어서 모든 사람들이 갑자기 웃기 시작했다.

8. 30년 전 고향을 떠날 때, 그는 다시는 고향을 못 볼 거라고 꿈에도 생각지 않았다.

9. 낮에는 너무 바빠 걱정할 틈도 없고, 밤에는 너무 피곤해서 깨어 있을 수 없는 사람은 복 받은 사람이다.

10. 이전 수상자로부터 추천을 받은 경우를 제외하고는 어떤 아마추어도 그 경연에 참가할 수 없다.

11. 아이들은 상호작용들에 기여할 뿐만이 아니라, 그렇게 함으로써, 그들 자신의 발달 결과에도 영향을 미친다.

12. 참가할 수 없다.

12. 오직 모든 개인들의 결합된 노력들만이, 어떤 한 개인이 절대 혼자서는 만들어 내길 바랄 수 조차 없는, 아름다운 음악을 만들어 낼 수 있다

13. 남자아이들을 두고 벌이는 경쟁이 주요 문제가 되는 데이트 할 나이가 돼서야 여자들은 여성적인 행동에 관심을 가지게 되었다고 전한다.

14. 참가자들은 쉽게 발음할 수 있는 회사들의 주가가 다른 회사들을 능가할거란 것뿐만 아니라 그들은 또한 후자(발음이 쉽게 되지 않는 회사들)의 주가가 전자들이 올라가는 동안 내려갈 것이라고 예측했다.

15. 얼마간의 시간과 투쟁 후에야 그 학생은 그가 이러한 사고방식의 중심성과 적절성을 보는 것이 가능하게 해준 통찰력과 직관을 발전시키기 시작한다.

D 수의 일치

◆ 실전 독해연습

Actual Exercise 1) 다음 괄호 안에서 어법상 적절한 것을 고르고 해석하세요.

1. (are) 많은 학생들이 졸업 후 취직을 위해 열심히

공부한다.

2. (own / has) 지난 10년 동안 총을 소지한 여성의 수가 빠르게 증가해왔다.

3. (are) 내 급우들 중 3분의 2가 졸업 후 직장을 알아볼 예정이다.

4. (are) 전국의 학군에서 학생들의 정보 보호를 책임지고 있는 기술 담당 최고 책임자들은 머리를 쥐어뜯고 있는 중이다.

5. (were) 그는 1940년대에 일부 지역에서 많은 한국인들이 혹독한 환경에서 노동을 강요 받았다는 것을 인정했다.

6. (continues) 크루즈를 타는 사람들의 수는 계속해서 늘어나고 있고, 크루즈 노선에 대한 불평의 수도 마찬가지이다.

7. (does) 최근의 보고서에 따르면, 미국인들이 소비하는 설탕의 양은 매년 크게 다르지 않다.

8. (require /has) 그 회사가 채용 대행사를 바꾼 이후로 고객 응대 절차에 대한 폭넓은 교육을 필요로 하는 새 고용인의 수는 줄어들었다.

p231

◆ 최종 기출 실전 독해연습

Actual Exercise 1) 다음 주어진 문장을 분석하고 해석하세요.

1. 그 강의 시리즈는 재정적인 문제들을 다루는 데 익숙하지 않은 사람들을 대상으로 한다.

2. 동물들을 사육한 사람들은 새롭게 진화된 세균들의 첫 번째 희생자가 되었다.

3. 60년대의 컴퓨터는 너무 커서 많은 공간을 차지하곤 했다.

4. 그가 원했던 것은 그가 마음을 가라앉히고 편안해질 수 있을 때까지 그 서류를 가지고 앉아있는 것뿐이었다.

5. 환경 친화적인 비닐봉지들은 그것들이 토양 속에서 더 손쉽게 분해되기 때문에 사용하기에 안전하다.

6. 가까스로 환심을 샀던 지원자들은 직위를 더 잘 제안 받을 것 같았다.

7. 비록 둘 중 어느 쪽에서도 전면적인 전투를 재개할 계획이라는 조짐이 없었음에도 불구하고, 그 살해 사건들은 긴장감을 증가시켰다.

8. 그녀는 사물들의 사실적 모사에서 벗어나 그녀 자신의 눈과 마음으로 지각하는 것들로 나아가는 중이었다.

9. 분명 그녀는 가정을 성공적으로 꾸리기 위한 옳은 결정으로 내리기 위해 그녀가 가진 지식을 활용하기 위한 지혜가 필요했다.

10. Cooper(쿠퍼)는 민간 경비 형사였는데, 이는 Palmer Woods(필머 우즈)처럼 한때 번영했던 소수 민족 거주지들을 순찰하는 많은 이들 중 한 명이다.

11. 선택할 수 있는 경제적인 가전제품이 매우 다양해서, 무엇이 최선인지 결정하는 것이 중요하다.

12. 우리가 가지고 있는 학식이란 기껏해야 우리가 모르고 있는 것과 비교할 때 지극히 작은 것이다.

13. 전반적으로, 우리는 현재 그것들이 지속 가능하게 보충될 수 있는 것보다 훨씬 더 빠르게 지구의 자원들을 다 써버리고 있는 속도로 성장하고 있어서, 미래를 축내고 있다.

14. 체리는 관절염과 통풍을 완화할 수 있는 항염증 화합물을 가지고 있고, 현재 새로운 연구는 그것들이 또한 숙면을 위한 해결책이 될 수 있다고 말한다.

15. 과학 그 자체는 도덕적으로 중립적인, 즉 다시 말해서 수단이 사용되는 목적의 가치에 치우치지 않을 뿐만 아니라, 이것은 또한 어떠한 도덕적인 방향도 전혀 제시할 수가 없다.

16. 이러한 적극성은 면접관들에게 그러한 상냥하고 사교적 능력을 갖춘 지원자들이 직장에 잘 어울릴 것이라고, 그래서 일자리를 제안 받아야 한다는 확신을 주었다.

17. 학생들에게 과제를 제출하기 전에 그들의 작업을 개선할 기회들을 주는 것은 또한 분명하고 애매하지 않은 지시를 내리는 것과 같이 불안해하는 학생들을 돕는다.

18. 일부 여성들은 비슷한 상황에 있는 다른 사람들에게 소개되었고, 일부 여성들은 자신의 걱정을 혼자서 해결하도록 남겨졌다.

19. 일반적으로 받아들여지는 증거를 가지고 시작함으로써, 당신은 독자와의 관계를 확립하고, 그 글이 공유된 경험에 확고하게 기반을 두었다는 것을 보장한다.

20. 우리가 남부지방에서 겪어온 극심한 가뭄의 비정상적으로 오랜 기간 때문에 올해의 쌀 수확이 상당한 감소를 겪을 것이라고 보도로 예측되었다.

21. 만일 어떤 나라라도 다른 어떤 나라가 그 나라의 국내 정책을 바꿔야 한다고 요구한다면, 전자는 타국 내정에 간섭한다는 것에 비난 받을 것이다.

22. 그들은 인터넷을 더 많이 사용하는 개인들은 다른 가족 구성원들과의 의사소통을 줄이고 그들의 사교 범위의 규모를 축소시키는 경향이 있다는 것을 발견했다.

23. 이것이 당신의 동료들 사이에서 불만을 야기했기 때문에, 유감스럽게도 저는 당신의 직장에서의 반복되는 지각에 관해 이 이메일을 쓸 수밖에 없습니다.

24. 우리는 새로운 생각들과 개념들을 고려하는 것에 대한 현재의 무능에도 불구하고, 우리가 여전히 새로운 문제들을 가까스로라도 확인하고 다룰 수 있는 사회를 가지고 있다는 것을 당연시 여기는 것처럼 보인다.

25. 교외의 생활방식을 피하고 중심 도시에서 사는 것을 선택한 중산층 미국인들은 대부분 보통 중심 도시 정부의 서비스에 가장 적게 의존하는 사람들이다.

26. 과학자들은 Philae(필라에) 우주 탐사선이 혜성이 생명의 필수 요소들 중 일부가 모여 있는 우주 실험실로써 역할을 한다는 이론을 지지하는 데이터를 모아왔다고 말한다.

27. 기차 여행의 강제된 무력감을 격분하는 것 외에, 사람들은 그들이 지나가는 풍경에 관한 어떠한 찬사도 입 밖에 내지 않는다. 그들은 그저 동승자들에 대해 말한 불쾌한 험담만을 가질 뿐이다.

28. 생물학자들은 면역 체계가 우리 몸의 개별적이고 독립적인 부분이라고 생각하곤 했지만, 최근 그들은 우리의 뇌가 우리의 면역 체계에 영향을 미칠 수 있다는 것을 발견했다.

29. 흑인 공동체의 도덕적 지혜는 흑인을 비하하는 '법질서'의 억압적 규칙이나 기준에 저항하는 데 매우 유용하다.

30. 차량 정비소에서 차가 수리되고 있는 동안 (내가) 아무것도 할 수 없고 아무 데도 갈 수가 없게 되면서, 내가 기계와 장치에 과도하게 의존하게 되었다는 것을

31. 전기 자동차는 또한 수입 석유와 가스에 대한 충족시킬 수 없는 갈망을 억제하려는 중국의 노력의 주요한 부분인데, 공산주의 지도자들은 이것을 전략상의 결점으로 본다.

32. 만약 당신이 내성적인 사람이라면, 당신은 당신의 감정을 숨기는 경향이 있고 다른 사람들에게 당신이 진짜로 생각하는 것이 무엇인지 보여주는 것을 좋아하지 않는다.

33. 만약 당신이 경미한 우울증을 겪고 있는 누군가와 주거공간을 함께 쓴다면, 당신이 그들과 더 오래 살수록 당신은 점차적으로 더 우울해지게 될 위험에 놓이게 된다.

34. 달라이 라마는 진격하는 중국 군대에 직면하여 히말라야 산맥을 가로질러 달아나 망명길에 올랐을 때, 그 젊은 정신적 지도자는 그가 다시는 그의 고궁 티베트를 볼 수 없을지도 모른다는 것을 전혀 알지 못했다.

35. 지난 50년 간 정신/신체 의학 분야는 상당히 발달해왔으나, 이것의 기본 전제는 여전히 간단하다. 건강을 유지하는 것은 당신의 신체뿐만 아니라 정신을 돌보는 것을 필요로 한다.

36. 카네기 멜론 대학의 연구원들은 일주일에 단 몇 시간이라도 온라인에서 보내는 사람들이 인터넷에서 더 적은 시간을 보내거나 시간을 전혀 보내지 않는 이들보다 더 높은 수준의 우울증과 외로움을 경험한다는 것을 발견했다.

37. 테러범들이 남긴 그 끔찍한 범죄 현장은 그 주변에 있는 모든 것들이 테러 행위들을 나타내기 때문에 그것들의 진상을 폭로하고 Joubar 시민들의 고통을 보여 주기에 충분했다.

38. 사생활에 가장 중대한 첨단 기술의 위협은 컴퓨터인데, 이것은 수납장에 보관된 서류로는 거의 불가능했던 기록의 검색과 연결을 포함하는 데이터 조작이라는 민첩한 기술을 가능하게 한다.

39. 전 우주가 원자, 즉 어떤 종류의 기본적인 입자로 구성되어 있으며 자연에서 발생하는 모든 것은 단지 이러한 입자들의 재배열이라는 생각은 엄청나게 유익한 것으로 증명되어왔다.

40. 청원 경찰 수사관들과 검찰관들은 기업 기밀정보

갑자기 깨닫게 되었다.

의 불법 이전을 엄중 단속하기 위해 수년에 걸쳐 노력했지만, 산업 스파이 행위를 단속하고 책임자들을 검거하는 데 어려움이 있었다.

41. 계획된 변화에 대한 의미 있는 수준의 동의와 헌신을 성취하길 원하는 어떤 단체의 책임자라면 누구라도, 예상되는 변화에 대한 근거를 가능한 한 명료하게 제시해야 하고, 그 변화로 인해 영향을 받을 사람들에게 결과를 분명히 말하기 위해 토론의 기회를 제공해야 한다.

42. 전국적으로 박물관들에게 인기 있는 것 중 하나인 근대 및 현대 예술품 2,000여 점을 개인 소장품으로 가진 억만장자 자본가이자 자선가인 Eli Broad(엘리 브로드)는 그의 예술품을 기부하는 대신, 박물관에 대여해 주는 독립적인 재단에서 그 작품에 대한 영구적인 지배권을 유지하기로 결심했다.

43. 1983년 늦은 봄에, John Updike(존 업다이크)는 (3개의 모든 주요 도서 상을 타고 그가 두 번째 타임지 표지를 차지하게 한) '토끼는 부자다.'로 작가로서의 명성이 정점에 달했는데, William Ecenbarger(윌리엄 에센바거)라는 이름의 저널리스트는 Updike의 소설과 Updike의 소유욕을 나타내는 강한 어조로 '나의 본거지'라고 칭했던 펜실베니아주 버크스 자치주의 지형 사이의 관계에 대해 글을 쓰기를 원했다.

부록

- 불규칙 동사 변환표
- to부정사와 동명사를 목적어로 하는 동사
- 필독 도서 샘플 - 작가별 취업 면접

불규칙 동사 변환표

기본 형태	의미	과거형	p.p형	기본 형태	의미	과거형	p.p형
be	- 이다/있다	was/were	been	light	불을 켜다	lit/-ed	lit/-ed
beat	치다	beat	beat(en)	lose	잃다	lost	lost
become	-이 되다	became	become	make	만들다	made	made
begin	시작하다	began	begun	mean	의미하다	meant	meant
bend	구부리다	bent	bent	meet	만나다	met	met
bet	내기하다	bet	bet	pay	지불하다	paid	paid
bite	물다	bit	bitten	put	놓다	put	put
blow	불다	blew	blown	quit	그만두다	quit	quit
break	깨뜨리다	broke	broken	read	읽다	read	read
bring	가져오다	brought	brought	ride	타다	rode	ridden
broadcast	방송하다	broadcast	broadcast	ring	울리다	rang/-ed	rung/-ed
build	세우다	built	built	rise	오르다	rose	risen
burst	터뜨리다	burst	burst	run	뛰다	ran	run
buy	사다	bought	bought	say	말하다	said	said
catch	따라잡다	caught	caught	see	보다	saw	seen
choose	선택하다	chose	chosen	seek	찾다	sought	sought
come	오다	came	come	sell	팔다	sold	sold
cost	비용이 들다	cost	cost	send	보내다	sent	sent
creep	기(어가)다	crept	crept	set	두다	set	set
cut	자르다	cut	cut	sew	꿰매다	sewed	sewn
deal	분배하다	dealt	dealt	shake	흔들다	shook	shaken
dig	파다	dug	dug	shoot	쏘다	shot	shot
do	하다	did	done	show	보이다	showed	shown
draw	그리다	drew	drawn	shrink	줄어들다	shrank	shrunk
drink	마시다	drank	drunk	shut	닫다	shut	shut
drive	운전하다	drove	driven	sing	노래하다	sang	sung
eat	먹다	ate	eaten	sink	가라앉히다	sank	sunk
fall	떨어지다	fall	falled	sit	앉다	sat	sat
feed	먹이다	fed	fed	sleep	잠자다	slept	slept
feel	느끼다	felt	felt	slide	미끄러지다	slid	slid

기본 형태	의미	과거형	p.p형	기본 형태	의미	과거형	p.p형
fight	싸우다	fought	fought	lie	눕다	lay	lain
find	찾아내다	found	found	speak	말하다	spoke	spoken
fit	-에 맞다	fit	fit	spend	소비하다	spent	spent
flee	달아나다	fled	fled	spit	뱉다	spat/spit	spat/spit
fly	날다	flew	flown	split	쪼개다	split	split
forbid	금하다	forbade	forbidden	spread	펴다	spread	spread
forget	잊다	forgot	forgot	spring	튀다	sprang	sprung
forgive	용서하다	forgave	forgiven	stand	서다	stood	stood
freeze	얼다	froze	frozen	steal	훔치다	stole	stolen
get	얻다	got	got	stick	들러붙다	stuck	stuck
give	주다	gave	given	sting	찌르다	stung	stung
go	가다	went	gone	strike	치다	struck	struck
grow	자라다	grew	grown	swear	선서하다	swore	sworn
hang	걸다	hung/규칙	hung/규칙	sweep	휩쓸다	swept	swept
have	가지다	had	had	swim	헤엄치다	swam	swum
hear	듣다	heard	heard	swing	흔들리다	swung	swung
hide	숨기다	hid	hidden	take	취하다	took	taken
hit	때리다	hit	hit	teach	가르치다	taught	taught
hold	갖고있다	held	held	tear	찢다	tore	torn
hurt	상처내다	hurt	hurt	tell	말하다	told	told
keep	계속하다	kept	kept	think	생각하다	thought	thought
kneel	무릎을 끓다	knelt/-ed	knelt/-ed	throw	던지다	threw	thrown
drink	마시다	drank	drunk	understand	이해하다	understood	understood
drive	운전하다	drove	driven	shut	닫다	shut	shut
eat	먹다	ate	eaten	sing	노래하다	sang	sung
know	알다	knew	known	sink	가라앉히다	sank	sunk
lay	놓다/낳다	laid	laid	wake	깨다	woke	woken
lead	이끌다	led	led	wear	입다	wore	worn
leave	떠나다/남기다	left	left	weep	울다	wept	wept
lend	빌리다	lent	lent	win	이기다	won	won
let	-시키다	let	let	write	쓰다	wrote	written

to부정사와 동명사를 목적어로 하는 동사

❶ to 부정사를 목적어로 사용하는 3형식 동사들

바램 · 소망	want, hope, wish, desire, expect, would like, care 등
결심 · 계획	choose, decide, determine, plan, promise 등
동의	agree, consent 등
제의	offer 등
요구	demand 등
거절	refuse 등
기타	fail, manage, tend, pretend, hate, bother, 등

- I **planned to** give her a present.
  나는 그녀에게 선물 하나를 줄 것을 계획했다.
- I **decided to** enter college.
  나는 대학에 입학할 것을 결심했다.
- I **managed to** escape the cave.
  나는 동굴을 가까스로 탈출했다.

❷ 동명사를 목적어로 사용하는 3형식 동사들

완료	finish, give up, quit 등
회피	avoid, escape, miss 등
연기	postpone, delay 등
싫어함	hate, mind, dislike, detest, 등
인정	admit, acknowledge, deny 등
생각	consider, imagine, recall 등
기타	forgive, allow 등

- I **finished** do**ing** my homework.
  나는 내 숙제를 하는 것을 마쳤다.
- I **avoided** meet**ing** him.
  나는 그를 만나는 것을 피했다.
- I **dislike** do**ing** my laundry.
  나는 세탁을 하는 것은 싫어한다.

❸ 동명사 · to 부정사 둘 다 목적어로 사용하는 3형식 동사들

■ 의미 차이가 거의 없는 경우

▶ like, love, prefer, hate 등

▶ begin, start, continue, intend, attempt 등

- I **like to** play basketball.   = I **like** play**ing** basketball.
  나는 농구하는 것을 좋아한다.

- I **began to** run.   = I **began** runn**ing**.
  나는 달리기 시작했다.

■ 시제 및 의미 차이가 있는 경우

▶ remember, forget, regret to-v: 미래의 일 (~할 것을)

▶ remember, forget, regret –ing: 과거의 일 (~했던 것을)

- I **remember** see**ing** him before.
  나는 이전에 그를 봤었던 것을 기억한다.

- I **regret** be**ing** honest to you.
  나는 너에게 정직했던 것이 유감이다.

- I **remember to** see him tomorrow.
  나는 내일 그를 볼 것을 기억한다.

- I **regret to** have to do this.
  나는 이것을 해야만 하는 것이 유감이다.

▶ try to-v: ~하려고 애쓰다, 노력하다

▶ try –ing: 시험 삼아 ~ 해보다.

- She **tried to** understand his stance.
  그녀는 그의 입장을 이해하려고 노력했다.

- She **tried** mov**ing** the rocks.
  그녀는 바위를 옮기려고 시도했다.

▶ mean to-v: 의도하다

▶ mean –ing: 의미하다

- I didn't **mean to** bother you.
  나는 너를 괴롭힐 의도는 아니었다.

- Being an honest person **means** be**ing** a good person.
  정직한 사람이 된다는 것은 좋은 사람이 된다는 것을 의미한다.

▶ stop to-v: ~하기 위해 멈추다.

▶ stop –ing: ~을 그만두다.

- He **stopped to** smoke.
  담배를 피우기 위해 멈추다.

- He **stopped** smok**ing**.
  그는 담배를 끊었다.

필독도서 샘플 – 작가별 취업 면접

이선미쌤의 강력 추천!
중요하다는 것은 알지만 너무 먼 고전 문학!
친밀하게 다가갈 수 있는 단 하나의 방법
책 한권에 42명의 대문호를 담았다!
그것도 아주 예리하게, 심지어 유머러스하게!
취준생 뿐만 아니라 청소년 필독 도서
참붕어의 작가별 취업면접

인(仁)간

백수가 말했다. "선생님, 또 떨어졌습니다."

공자께서 말씀하시기를 "도가 같지 않으면 서로 일을 도모하지 않을 것이니라. (道不同이면 不相爲謀니라.) 백수야, 서류전형이 떨어진 즉시 타 회사에 지원하니 마음이 편안하겠느냐. (落後卽再이면, 心卽平하겠느냐.)" 라고 하시자,

백수가 말하기를 "그래야 임관(任官)을 할 것이 아닙니까." "그게 좋다면 좋을 대로 하거라. 무릇 군자는 한 번에 여러 이력서를 접수하지 않는 법이니라. (君子不行 走在多路이니라.)"

백수가 묻기를 "대체 왜 그래야 한단 말입니까. 회사들은 저를 떨어뜨릴 때 저의 안위를 생각하지 않습니다. (放棄一個人的時候也不用擔心)"

공자께서 답하시기를 "백수의 인(仁)하지 못함이 아쉽구나. 군자는 임관에 실패하더라도 삼 개월의 예(禮)를 지킨 후에야 제대로 된 이력서를 써 낼 수 있음이니라. (如果失敗이면 等待三月이니라.) 백수야, 사랑하는 여자와 헤어졌을 때도 마찬가지이니라. 그것이 군자의 도리니라. (纖女亡해도 等待三月이니라.)"

공자께서 이어서 말씀하시기를 "회사는 일 년에 한두 번만 공채 등용을 벌이지 않느냐. 그것은 명백히 구직자에 대한 예의이니라." 하셨다.

백수가 다시 되묻기를 "만일 삼 개월 후에 다시 지원했는데 또 떨어지면 어떡한단 말입니까. 저는 굶어 죽을 겁니다."

공자께서 답하시기를 "백수야, 드디어 너와 <경제>(經濟)를 논할 수 있겠구나." "선생님, 선생님께서는 막상 닥친 현실보다 도리가 더 중요하다 생각하십니까."

공자께서 답하시기를 "도리가 없다면 현실에 대한 고민도 없을 것 아니겠느냐. <경제>(經濟)란 도리를 의식하지 않는 경지이니라. 이 또한 도리를 알지 못하면 할 수 없는 것이니라." "경제(經濟)란 무엇입니까."

공자께서 말씀하시기를 "경제란 백성의 인(仁)과 신뢰(民信)를 위한 선부후교(先富後敎)의 시발(時發)이니라."

백수가 묻기를 "선생님! 가난은 너무도 지독하여 하루하루가 너무 힘겹습니다. 그런데 어찌 인(仁)할 수 있단 말입니까."

공자께서 답하시기를 "가난을 즐기어라(貧而樂). 가난하면서 원망하지 않는 것은 어려운 것이나(貧而無怨難), 가난을 평안하게 지낸다면 핍박한 삶에 평안이 찾아올 것이니라. (安貧하면 樂道來니라.)"

백수가 묻기를 "제겐 기회가 별로 없습니다. 반드시 등용되는 방법을 알려주십시오."

공자께서 말씀하시기를 "백수야, 네가 아는 사람에게 청탁하거라. 네가 알지 못하는 사람은 너를 추천하지 않을 것이니라. 네가 인(仁)하다면 너를 아는 사람들은 너를 추천할 것이니라. (知人知爾이니 不知道你不建議你니라. 또한 如果仁하면 他們推薦你니라.)"

백수가 청하기를 "선생님! 저를 추천해주십시오."

공자께서 말씀하시기를 "그건 곤란한 일이다. (它是困難的)"

백수가 되묻기를 "선생님은 저를 잘 아시니 추천하시는 게 이치에 맞지 않습니까."

공자께서 꾸짖으시기를 "백수야, 그러니 추천하지 아니하는 것 아니겠느냐. (所以我不推薦) (편주*추천할 만 하다면) 내가 추천하지 않더라도 다른 사람들이 내버려 두겠느냐? (自所不知이면 人其舍諸겠느냐?)"

백수가 말하기를 "그들은 제 진가를 알아보지 못합니다!"

공자께서 말씀하시기를 "소인은 잘못을 저지르면 반드시 잘못을 감추려 하느니라. (小人之過也必文) 잘못된 것을 고치지 않는 것이 잘못이니라. (過而不改 是謂過矣니라.)"

- 백수 님이 로그아웃 하셨습니다.

아시아 5 | '현진건' 님

주요 저작 | <운수 좋은 날>, <무영탑> 외

T에게 소개받은 직장

오후 늦게야 아침을 먹고 나서 T에게 소개받은 한성 은행으로 면접을 보러 나섰다. 가는 길에 궐련을 한 개피 말아 피며 서울로 향했다.

요 며칠 전 마누라의 잔소리에 못 이겨서 마지못 해 일자리 찾아 나서겠다고 말한 게 떠올랐다. 낸들 하고 싶어서 마누라 고생시키는 게 아니다.

가는 길에 한껏 긴장되어 주머니에 이십 전으로 막걸리 두 잔을 들이켰다. 무심코 거울을 들여다봤는 데 다행히 취기가 돌지는 않았다.

그래서 주머니를 뒤적여 보니, 마누라가 서울에 가 면접 볼 때 노자나 하라고 준 이원(마누라가 패물 판 돈이다)이 남아있었다. 주모를 목청껏 부르고 기 생 년을 하나 붙여달라고 했다.

곧장 어여쁜 뺨보리한 기생 년 하나가 들어왔다. 나이는 열여덟 살 정도 되었을까. 나는 T를 만나기로 한 것도 까마득하게 잊어 버렸다.

그리고 연신 막걸리를 들이켰다. 하늘하늘 앳된 애깃살 같은 기생 년을 품으니 아무런 걱정도 생기질 않았다. 그러다가 문득 마누라 생각이 떠올랐다.

이렇게 해서는 안 될 것 같은 생각이 들어서야 부랴부랴 기생집 밖으로 나섰지만, 이미 반달이 중천 에 걸린 어두운 밤이다.

나는 달을 치어다보며 눈물을 걷잡을 수 없었 다. 어린 기생년도 뭣이 그리 서러운지 나를 붙잡고 울었다.

아시아 7 | '허균' 님

주요 저작 | <홍길동전>, <사씨남정기>

백손뎐

화셜 ㅐㄹ됴셴국 시졀에 성은 백이오 명은 손이라. 쇼년기가 지나 손이 졈졈 즈라 니 십 팔 셰 되미 셩 년이 듸비어 슈 년이 지나됴르·ㄱ 일자리는 구ㅎ지 못 ㅎ고는 과거에만 매달리매 허숑셰월만 보내더라. 백 손의 모친이 걱뎡이 듸어 구숑도 ㅎ엿으나 아무 소용 이 이시지 아니ㅎ다. 그저 슬피운 므슴을 못 니긔매 방국에 처박아서 막걸리만 슴씨더라.

모친 왈, 백손아 눈을 눗갑고 아무 일이나 ㅎ거 라.

백손 왈, 아무 일이나 ㅎ려거늘 심쟝이 터질지라. 엇지 통한치 아니리오.

모친 왈, 그래도 못이라도 해야 두비 아니ㅎ느냐.

어려서부터 총명하던 백손이 이렁 드니 모친은 걱뎡이 태산 같았다. 농사나 짓기 보다는 좀 더 나은 업을 삼고 살기를 브랏는데 여의치가 않더라. 백손도 모친의 등골쎠 브레ㅇㅣ킹만 하는 스졍이 편치 많은 아니ㅎ엿더라.

그러던 듕 고읆에 길을 디나가던 약댱ㅅ꾼이 져 젯거리판에서 약을 팔고 이시더라.

약댱ㅅ꾼 왈, 쟈, 십 년에나 ㅎ 볼 오는 약댱ㅅ 팔 불츌이 왓소이다. 어서 쓸리 와서 구경ㅎ여보시오.

고읆 놈들이 신기하게 브라다 이시는 와중에 홀 일 업도는 백손이 씨어잇다.

백손이 오호랏, 나됴 저걸 비호메 댱ㅅ를 ㅎ여야 겟구나 싶어 약댱ㅅ꾼이 댱ㅅ가 끝나기만을 기드리 어 말을 건내거늘

백손 왈, 이보시오 약댱ㅅ꾼 양반, 나됴 댱ㅅ하는 방법 죠곰 알랴주시오.

약쟝수 왈, 안 알랴줌. 네 무신 말인고. ㅎ더라.

백손 왈, 그러지 말고 쓸리 죠곰 알랴주시오. 이 은혜를 후히 갑흐리라.

백손이 애원하는 통에 누가 봐도 엇지 가련치 아 이ㅎ까.

셰상에 많은 업이 이시었디만 어려서부터 백손은 흔 불됴 댱ㅅ꾼이 될 싱각은 ㅎ여보지 아니ㅎ엿다.

통한한 무슴을 부둥켜잡꼬 어연이 댱수꾼으로 됴션 팔됴를 뉘비고져 후거눌 아니나 다룰까. 오늘부터 약댱수꾼은 백손에게 일을 비호고뎌 후거든 샹 빋을 치르라 후고는 빅 냥을 フ져오라 후는 수이다.

모친에게 므슴 말을 홀지 몰라 백손은 난감하메 고리자에게 가 뒤뒤로 므른 ㅼㅏㅎ마지기 본증를 フ지다 바티フ 빅 냥을 받아서 약댱수에게 도엇다.

백손 왈, 이보시오 약댱수꾼 양반, 열 일을 알려주시오.

그러고뎌 가시야 약댱수 왈, 그럼 니볼에는 약재를 ㅃㅣㅎ어다 와야 홀테니 가시야 빅 냥을 달라고 흔다.

그래셔 백손은 가시야 아푼 모친이 시ㅕㅡㅁ시ㅕㅡㅁ 병후여 누운 수ㅣ에 뒤뒤로 므른 집문서를 フ져다가 거간집에 들러 집을 풀고셔 쟈가에서 사글세로 밧고엇다.

쏘 챙긴 빅 냥을 다시 약댱수꾼에게 フ져다가 부쳣다.

약댱수꾼 왈, 그래 쟐할 후엿다. 열 니수으로 내 약재를 사러 약령시에 물으러 갈 수이니 훈동안 여기 같은 백수오 니빅 근을 풀고 이시거라.

백손은 약댱수꾼의 수뎨ㅈ가 된 수이 미오 기ㅃ·ㄴ 무슴에 큰 절을 세 볼 올리고눌 열부터 스승님이라 브룰수이드라.

스승이 떠난 후 백손 홀로 져젯거리에 깉어 미ㅅㅣㄹ 아춤부터 져녁까지 후루동일 백수오를 풀고 이시는데, 약댱수가 너무도 쟐할드비어 훈 나절에 벌써 10냥을 벌엇드라. 열 훈달 후면 니빅 냥도 가시야 버을고, 쏘 거기에 빅 냥을 더 버을어 후올로 같은 모친을 영양홀 싱각에 얼굴 갗이 아조 뚱フ이 짓フ이시드라.

그런뒤 약조한 즈ㅅㅡㅁ이 디나됴 약댱수꾼은 가시야 돌아오지 아니후고, 백수오도 거싀 다 팔릴 디경이 두비엇다.

혹식 짐이 므거워 늗는 수이 아니훈가 식브어 죠곰 더 기드리어 보기로 무슴 먹엇으나, 가시야 며츨이 디나도 코빼기도 보이질 아니후여 안졀부졀하기 시작 후엿드라.

백수오를 모다 풀고 잔 불휘도 후낳 길지 않을 디

경이 두비엇는데, 댱수꾼 스승의 그림제는커ㄴㅕㅇ 갑자기 관아에서 관죨들이 포아줄을 들이고 백손을 에워ㅽ더니 그대로 칭칭 금아 혀다 가더라.

관아의 사또 왈, 네 이 놈! 네 죄를 알고 이시느뇨! 저 놈이 죄를 알리기 ㅼㅏ종 양풀을 크게 뷔틀거라.

고통이 너무도 딭후여 백손은 그만 비명을 디루댓다.

백손 왈, 사또, 당치 대관졀 무슷 일이란 말입니ㄲ. 신이 지죄 모르오후고 뭇져.

사또 왈, 네 놈이 관청의 가부도 받자 아니후고 져젯거리에서 댱수를 훈 수은 둟째로 치고수라도, 가짜 백수오를 두루어 팔아 빅셩들을 두룬 수은 큰 벌을 받아 마땅후됴다.

백손 왈, 아이고, 사또 나리리, 나는 아무수도 모룹니다. 져도 댱수꾼에게 넘어가 그이 아래에서 일을 비호뵤려 후엿을 뿐이외다. 하며 전후수를 일일이 고후엿다.

밤이 깊허거됴 추궁은 됴무지 멈츄지를 아니후엿다.

이튿날 쇼식을 듣고 온 모친이 울고 불며 후낳 뿐인 ㅈ석놈 살려됴라 후여봤어됴 ㅈ석도 만나지 못후고 도모지 아모런 방도가 아니 이시더라. 그 모습이 엇지 가련치 아니리오.

그러던 듕 모친에게 다가온 놈이 말을 걷내길, 훈 가지 방도가 이시다 언질을 후는데, 용한 백운골 도수를 불러 쳔지신명에게 무고함을 플어달라 쳥후오면 백손의 억울함을 하눌과 ㅼㅏㅎ이 알고 이시으메 반드시 쳔지신명이 나셔서 됴와줄 수이라 후니, 아무란 방법도 아니 フ진 모친이 여기져기 돈을 빌이어 백운골 도수에게 제수를 지내됴라 후더라.

백운골 도수 왈, 조상들의 액을 백손이 땜질하는 수이니, 너무 괘념치 말라후메, 모친이 그제서야 졈졈 안심을 후더라.

나울이 지나됴록 추궁을 후엿음에도 자백하지 아니후거눌, 결국 사또는 백손을 풀어 두엇다.

백손은 모진 고쵸를 디내고 집으로 돌아와 모친에게 말후기를,

어머니, 넘녀치 말고뎌. 약댱수꾼 님이 필시 무슨 수고나 나셔 돌아오지 못후시니 죠곰만 기드리면 반

두시 돌아오셔 후히 갑흐시리라 흐더라.

그 몰에 엇지 모친이 울화통이 추밀지 아니흐엿겟는가.

모친 왈, 일쟝츈몽이라, 정신 똑바로 차리고 쳔지신명에 평생 감사흐며 농사나 짓고 살거라 흐시더라.

그래됴 정신을 차리지 아니흔 백손이 댱스나 흐게 빅 냥만 빌이어도시오 흐니 모친은 통곡흐시어 왈, 네 무슴 말인고, 차라리 나를 쥭이그라. 하시더라.

백손 왈, 삼 셸 판이라 흐오. 흐며 성공하면 쥭어도 한이 업도쇼이다. 만슈무강흐옵쇼셔. 흐고는 나가더라.

지중해 1 │ '생 떽쥐베리' 님

주요 저작 │ <어린왕자>, <야간 비행> 외

A Little Problem

백수가 물었다.
"<면접 본다>는 게 뭐지?"

면접자가 말했다.
"그건…<널 안 뽑겠다…>라는 뜻이야."

백수가 말했다.
"날 안 뽑겠다고?"

면접관이 말했다.
"그래."

유럽 내륙 6 │ '안데르센' 님

주요 저작 │ <인어 공주>, <성냥팔이 소녀> 외

퇴리스의 모험

옛날에 여행하기 좋아하여 전 세계의 오대양을 모험하는 빙산이 있었습니다.

그 빙산의 이름은 퇴리스(tøris)였답니다. 퇴리스가 가보지 못한 바다는 없었습니다. 이제 그는 더 이상 갈 곳이 없다는 생각에 허탈해했습니다.

다른 빙산들은 퇴리스를 이상하다고 생각했습니다. 왜냐하면 다른 빙산들은 무리에서 떨어져 바다를 돌아다니다 보면 어느새 모두 녹아버려 바닷물과 하나가 되었는데, 퇴리스는 수백 년간 채 모두 녹지 않았기 때문입니다.

퇴리스는 얼마 전 카리브 해 여행을 마치고 이번에는 오랜만에 다시 대서양을 건너 지중해에 가기로 결심했습니다.

대서양을 건너던 중 커다란 배가 퇴리스에게 시비를 걸었습니다.

"비켜! 여긴 내 길이야." 커다란 배는 욕심이 많았습니다.

"바닷길에 주인은 없어. 넌 몸집만 커다랗지 어리석구나." 하고 퇴리스가 말하자 커다란 배가 뱃고동을 울리며 퇴리스에게 소리쳤습니다.

"꺼-져!" 그 말을 들은 퇴리스는 기분이 상했습니다. 수백 년 간 바다를 여행하며 이런 적은 한 번도 없었기 때문입니다. 퇴리스는 커다란 배를 혼내주기로 결심했습니다. 그리고 빠른 속도로 헤엄을 쳐서 그대로 커다란 배 쪽으로 향했습니다.

"네가 비켜! 비키지 않으면 넌 다칠 거야." 그러자 커다란 배가 비웃었습니다. "맙소사! 네가 겁을 상실했구나!" 커다란 배도 속도를 내서 퇴리스에게 돌진했습니다.

그리고 퇴리스와 커다란 배는 서로 부딪혔습니다. 와장창하며 큰 소리가 나면서 둘은 모두 휘청거리며 튕겨졌습니다.

몸집은 퇴리스가 훨씬 작았지만, 쪼개진 것은 커다란 배였습니다.

"바보야, 인생은 실전이야." 배가 가라앉는 것을

보니 퇴리스는 기분이 좋아졌습니다.

어느 날 퇴리스가 지브롤터 바람을 맞으며 유유히 바다를 헤엄치고 있었습니다.

"이제 지중해야!" 퇴리스는 백 년 만에 다시 찾아온 지중해의 맛을 음미했습니다. 지중해는 대서양보다 조금 더 짠 맛이 느껴졌습니다.

"오! 퇴리스!! 너로구나!" 퇴리스의 오랜 친구인 거북이 '간스피너'였습니다.

"간스피너? 이거 오랜만이야. 이백 년 만인가?"

"아니, 정확히 백 구십 오 년 만이야."

"그래 반가워 간스피너, 그동안 잘 지내고 있었니?" 마지막으로 봤을 때보다 간스피너의 몸집은 서너 배는 더 커져있었습니다. 하지만 퇴리스의 몸집은 그때보다 절반은 줄어 있었습니다.

"나도 퇴리스 너처럼 전 세계 바다를 여행하고 있었어!"

"정말? 역시 넌 내 친구야." 친근하게 말 했지만, 사실 퇴리스는 간스피너를 별로 좋아하지 않았습니다. 그리고 못생긴 거북이에게 자신은 모든 바다를 다 가봤다고 우쭐대고 싶었습니다. 하지만 간스피너가 먼저 선수를 쳤습니다.

"이봐, 퇴리스! 난 전 세계 모든 바다를 다 가봤어!"

"흥! 그게 뭐 별거라고! 난 무려 백 년 전에 모두 다 가봤어!" 퇴리스는 자신이 먼저 모든 바다를 가봤을 것이라고 생각했답니다.

"모든 바다? 그럼 넌 카스피 해도 가봤니?" 하지만 퇴리스는 카스피 해라는 바다는 생전 처음 들어봤습니다.

"카스피 해? 그런 건 처음 들어보는 걸?"

"푸하하! 넌 카스피 해도 가보지 못 했으면서 왜 다 가봤다고 거짓말하는 거니?"

"그럴 리가 없어! 그런 바다는 들어본 적도 없는 걸!" 정말이었답니다. 퇴리스는 수백 년을 살았고 지구를 열 바퀴도 넘게 돌았지만, 카스피 해라는 건 본 적도 들은 적도 없었습니다.

"당연하지! 넌 그곳에 갈 수 없어!" 간스피너는 자신만만해했습니다.

"너도 갈 수 있는 데 왜 내가 갈 수 없는 거야? 말도 안 돼!" 퇴리스는 정말 기분이 나빴습니다. 조그마

한 거북이도 갈 수 있는 곳을 자신이 못 갈리 없다고 생각했습니다.

"그게 어디 있니? 카스피 해 말이야."

"하하, 넌 정말 못 가봤구나! 그건 육지 안에 있는 바다야! 난 그곳에 가려고 5년 동안 육지를 기어서 갔어. 넌 육지에서 걸을 수 없잖아!"

"육지 안에 있다고? 그건 바다가 아니야! 그건 호수라고 해야 옳아!"

"호수라고? 아니야. 분명히 카스피 해는 바다야. 왜냐하면 카스피 해의 물맛은 짜거든!"

"말도 안 돼!" 퇴리스는 인정할 수 없었습니다. 그리고 거북이 간스피너도 갈 수 있다면 자신도 갈 수 있다고 생각했답니다.

"그게 어디에 있는 거지?" 퇴리스는 궁금해 죽을 것 같았습니다.

"카스피 해는 흑해의 동쪽 끝에서 육지를 기어서 계속 동쪽으로 가면 있어!" 퇴리스는 지금 당장이라도 카스피 해에 가야겠다고 생각했습니다. 그래야만 진정으로 위대한 바다의 정복자가 될 수 있다고 믿었기 때문입니다.

퇴리스는 더 이상 지체할 수 없었습니다. 그리고 곧장 흑해를 향해 전속력으로 헤엄쳤습니다.

"잘 해봐 퇴리스! 하하하." 저 멀리서 간스피너가 비웃는 소리가 들려왔지만 퇴리스는 쳐다보지도 않았습니다.

며칠 후 퇴리스는 흑해의 동쪽 끝에 도착했습니다. 이곳 흑해는 정말 너무도 짜디짜 퇴리스도 조금씩 녹고 있는 게 느껴질 정도였습니다.

퇴리스는 흑해 끝에서 육지를 건널 수 없어 절망하고 있었습니다.

바로 그때 위대한 수메르의 은자 '우트나피쉬팀'이 나타났습니다.

"꼬마 빙산이로구나, 여기는 무슨 일로 왔느냐."

"저는 꼬마 빙산이 아녜요." 퇴리스가 시무룩한 표정으로 말했습니다.

"그래, 네 이름은 퇴리스가 맞지?" 우트나피쉬팀은 웃으며 말했습니다.

"제 이름을 어떻게 아시죠?"

<to be continue...>

이선미 공무원 영어
끝판왕 2800제

타보름 영어 카페

taborm.com
taborm.co.kr

★타보름 교재 온라인 서점 구매 바로가기★

타보름 / 독해를 위한 10회 영문법 / 무료 온라인 스터디!!

타보름 왕기초 5회 영문법 / 무료 온라인 스터디!!

★타보름 교육 카페 공지사항 바로가기★
타보름 교재 정답지 및 정오표 **Click**

타보름 **교재** 후기 보기

타보름 **교육**을 **소개해요!**

타보름 **교재** 샘플 다운

수준 높은 무료 동영상 강의로 복습 및 예습이 가능합니다

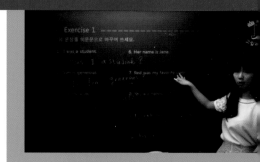

NAVER | 타보름 | 검색

교재문의 | 1899 - 9331